Sexuelle Gewalt und Pädagogik

Band 6

Reihe herausgegeben von
Martin Wazlawik, Hochschule Hannover, Hannover, Deutschland
Arne Dekker, Universitätsklinikum Hamburg-Eppendorf, Hamburg, Deutschland

„Sexuelle Gewalt und Pädagogik" – dieser Zusammenhang wird insbesondere seit dem öffentlichen Bekanntwerden von Fällen sexualisierter Gewalt in Einrichtungen des Erziehungs-, Bildungs- und Sozialwesens im Jahr 2010 und der sich anschließenden medialen Aufmerksamkeit vermehrt diskutiert und analysiert. Die Verbindung verweist auf ein zwar seit längerem bekanntes, jedoch bisher nicht systematisch bearbeitetes Feld innerhalb der erziehungswissenschaftlichen Theoriebildung, das grundlegende Herausforderungen für pädagogische Arrangements impliziert. Diese Herausforderungen betreffen sowohl die organisationalen Bedingungen pädagogischer Institutionen als auch die Gestaltung der gelebten pädagogischen Beziehungen zwischen Professionellen und Adressat_innen, die nicht zuletzt für das Zustandekommen von professionellen Arbeitsbündnissen entscheidend ist und somit eine zentrale Aufgabe jeglicher pädagogischer Professionalität markiert. Die zahlreichen noch unbeantworteten Fragen zu den Entstehungsbedingungen und Dynamiken sexueller Gewalt im Rahmen pädagogischer Kontexte sind nicht nur von den Antinomien pädagogischer Handlungsfelder geprägt, sondern infolge einer umfassenden Tabuisierung des Sexuellen auch schwer zugänglich. Ihre Bearbeitung ist sowohl als Aufarbeitung fehlerhaften und verfehlten professionellen Handelns zu verstehen, als auch als Grundbestandteil einer zukunftsweisenden erziehungswissenschaftlichen Programmatik. Diese muss sich der Aufgabe stellen, konkurrierenden gesellschaftspolitischen Ansprüche und pädagogischen Erwartungshorizonten gerecht zu werden, die in unterschiedlichster Weise den Schutz und das Wohlergehen von Kindern und Jugendlichen definieren und einfordern.

Weitere Bände in der Reihe http://www.springer.com/series/13856

Martin Wazlawik · Bernd Christmann
(Hrsg.)

Forschungsdaten-management und Sekundärnutzung qualitativer Forschungsdaten

Perspektiven für die Forschung
zu sexualisierter Gewalt

 Springer VS

Hrsg.
Martin Wazlawik
Hochschule Hannover
Hannover, Deutschland

Bernd Christmann
Westfälische Wilhelms-Universität
Münster
Münster, Deutschland

ISSN 2568-8243
Sexuelle Gewalt und Pädagogik
ISBN 978-3-658-30046-3   ISBN 978-3-658-30047-0   (eBook)
https://doi.org/10.1007/978-3-658-30047-0

Die Deutsche Nationalbibliothek verzeichnet diese Publikation in der Deutschen Nationalbibliografie; detaillierte bibliografische Daten sind im Internet über http://dnb.d-nb.de abrufbar.

Planung/Lektorat: Stefanie Laux
Springer VS ist ein Imprint der eingetragenen Gesellschaft Springer Fachmedien Wiesbaden GmbH und ist ein Teil von Springer Nature.
Die Anschrift der Gesellschaft ist: Abraham-Lincoln-Str. 46, 65189 Wiesbaden, Germany

Inhaltsverzeichnis

Herausgeber- und Autorenverzeichnis

Über die Herausgeber

Dr. Martin Wazlawik ist Professor für Soziale Arbeit mit dem Schwerpunkt Kinder- und Jugendhilfe an der Hochschule Hannover. Zu seinen Forschungsschwerpunkten zählen Theorien der Sozialpädagogik und Professionalisierung Sozialer Arbeit, Kinder- und Jugendhilfe, Pädagogische Professionalität, Prävention von sexualisierter Gewalt in pädagogischen Kontexten, Sexualpädagogik, Kooperation zwischen Jugendhilfe und Schule sowie Leitung und Organisation von Einrichtungen des Sozialwesens.

Bernd Christmann ist wissenschaftlicher Mitarbeiter in der Arbeitsgruppe „Pädagogische Professionalität gegen sexuelle Gewalt – Prävention, Intervention, Kooperation" der Westfälischen Wilhelms-Universität Münster. Seine Forschungsschwerpunkte umfassen sexualisierte Gewalt in pädagogischen Kontexten, Sexualpädagogik, Disclosure/ Aufdeckung von sexualisierter Gewalt, Sexualität und Migration sowie Forschungsethik.

Autorenverzeichnis

Bernd Christmann Westfälische Wilhelms-Universität Münster, Münster, Deutschland

Prof. Dr. Irena Medjedović Hochschule für Angewandte Wissenschaften, Hamburg, Deutschland

Thomas Schlingmann Tauwetter e. V., Beratungsstelle, Berlin, Deutschland

Prof. Dr. Hella von Unger Ludwig-Maximilians-Universität München, München, Deutschland

Prof. Dr. Martin Wazlawik Hochschule Hannover, Hannover, Deutschland

Forschungsdatenmanagement und Sekundärnutzung qualitativer Daten im Kontext der Forschung zu sexualisierter Gewalt – Expertisen aus methodologischer und forschungsethischer Perspektive sowie aus der Sicht von Betroffenen

Martin Wazlawik und Bernd Christmann

1 Einleitung

Die Forschung zu sexualisierter Gewalt in pädagogischen Kontexten hat sich in den letzten Jahren dynamisch entwickelt. Insbesondere die Forschungsförderung durch das Bundesministerium für Bildung und Forschung (BMBF) hat maßgeblich zur zunehmenden Entwicklung einer eigenständigen thematischen Forschungslandschaft beigetragen (Bange 2016). Damit einhergehend wurden stetig neue Erkenntnisse generiert und bestehende Forschungslücken verkleinert; gleichzeitig wurden jedoch auch neue Desiderate sichtbar. So wurde etwa deutlich, dass Forschung zu sexualisierter Gewalt spezifische ethische Herausforderungen beinhaltet, die eine dezidierte Herangehensweise erfordern (Dekker und Briken

M. Wazlawik (✉)
Hochschule Hannover, Hannover, Deutschland
E-Mail: martin.wazlawik@hs-hannover.de

B. Christmann
Westfälische Wilhelms-Universität Münster, Münster, Deutschland
E-Mail: bernd.christmann@uni-muenster.de

2015). Als Reaktion darauf wurde mit der Bonner Ethik-Erklärung ein erster deutschsprachiger Kodex entwickelt, der einen Rahmen für die forschungsethisch angemessene Gestaltung von Studien zu sexualisierter Gewalt und insbesondere für die adäquate Gestaltung der Beziehung zwischen Forschenden und Forschungs-teilnehmer*innen beinhaltet (Poelchau et al. 2015). Die zur Bonner Ethik-Erklärung berichteten Erfahrungen aus der Forschungspraxis zeigen, dass dadurch wertvolle Orientierungshilfen bereitgestellt werden konnten. Gleichzeitig wurden jedoch weitergehende Bedarfe artikuliert, nicht zuletzt im Zusammenhang mit forschungsmethodischen und -methodologischen Fragen (Christmann et al. 2018).

Ein besonderer Fokus richtet sich dabei auf den langfristigen Umgang mit Forschungsdaten, deren Archivierung und eine mögliche Nutzung im Rahmen von Sekundäranalysen. Die sich intensivierende Forschungstätigkeit hat eine gewaltige Fülle empirischer Daten hervorgebracht. Angesichts dessen stellt sich die Frage, ob dieser Datenschatz im Rahmen der jeweiligen Primär-studien erschöpfend ausgewertet werden kann. Ein gewichtiges Argument aus forschungsethischer Perspektive bezieht sich hierbei darauf, dass die Sekundär-auswertung bereits vorhandener Daten potenziell einen Beitrag dazu leisten kann, neue Forschungsfragen zu beantworten ohne Forschungsteilnehmer*innen mögliche Belastungen auszusetzen, wie sie mit einer Beteiligung an Primär-forschung verbunden sein können. Studien zu sexualisierter Gewalt wird dabei ein besonders großes Schadenspotenzial zugesprochen (Kindler 2016). Ins-besondere der Schutz von Kindern und Jugendlichen stellt eine erhebliche – und wichtige – Hürde bei der Konzeption und Durchführung von Studien dar (Rau et al. 2017). Dies gilt – altersunabhängig – umso mehr bei Forschungsteil-nehmer*innen, die sexualisierte Gewalt erfahren haben und denen aufgrund dessen eine besondere Vulnerabilität zugesprochen wird (Priebe et al. 2010). Aber auch forschungsökonomische Aspekte können eine Rolle in der Diskussion über Sekundäranalysen spielen, wenn etwa vorhandenen Ressourcen einen Feld-zugang nicht oder nur begrenzt zulassen. Und aus dem Kontext der Aufarbeitung von sexualisierter Gewalt heraus gilt wiederum die Archivierung und teilweise öffentlich zugängliche Dokumentation individueller Geschichten von Gewalt und Missbrauch als eine wesentliche Voraussetzung für die Weiterentwicklung kollektiven gesellschaftlichen Wissens: „Jede einzelne Geschichte zählt und hilft uns, Empfehlungen für notwendige Veränderungen zu entwickeln" (Unabhängige Kommission zur Aufarbeitung sexuellen Kindesmissbrauchs 2019, S. 3). Während dieser Ansatz und auch die allgemeine Forschung zu sexualisierter Gewalt insbesondere einem qualitativen Forschungsparadigma zugewandt sind, gründen sich die Erfahrungen zum Forschungsdatenmanagement und zu Sekundäranalysen derzeit noch überwiegend auf quantitatives Datenmaterial

(Heaton 2008). Es lassen sich daher entsprechende Gegenargumente aufzeigen: So besteht in qualitativer Forschung zu sexualisierter Gewalt eine ganz
spezifische Notwendigkeit zur Gewährleistung der Selbstdeutungshoheit von
Forschungsteilnehmer*innen im gesamten Forschungsprozess und insbesondere
auch im Rahmen der Datenauswertung und Dissemination von Ergebnissen
(Dekker und Wazlawik 2015, S. 314). Das Bewahren von Kontrolle über den
Umgang mit den eigenen Daten und Geschichten gilt gerade für viele Betroffene
als eine Prämisse, sich an Forschungsvorhaben zu beteiligen, da die Erfahrung
von sexualisierter Gewalt eine massive Verletzung der Selbstbestimmung darstellt, die durch Forschung nicht reproduziert werden soll. Es steht insgesamt
die Forderung nach einem „neuen Verhältnis von Wissenschaft, Praxis und
Betroffenen" und die Entwicklung partizipativer Forschungsdesigns im Raum
(Schlingmann 2015). Dieser Prozess steht im Bereich der Primärforschung
noch am Anfang, in Bezug auf mögliche Ansätze der Sekundärforschung zu
sexualisierter Gewalt ergeben sich damit zusammenhängend weit darüber
hinausgehende Implikationen. Die Wahrung der Selbstbestimmung, Selbstdeutungshoheit und Partizipation von Forschungsteilnehmer*innen stellt bei
Sekundärforschung neuartige Herausforderungen, die diverse Zweifel an deren
adäquater Machbarkeit hervorrufen.

Es stellt sich somit die Frage, ob und wie derzeit vorhandene Methoden und
Möglichkeiten des Datenmanagements, der Archivierung und der Sekundäranalyse dazu geeignet sind, diesem Spannungsfeld angemessen Rechnung zu tragen.
Ein wichtiger Impulsgeber für den Diskurs über forschungsmethodische und
-ethische Fragen bildet das Netzwerk der seit mehreren Jahren vom BMBF unterstützen Projekte in der Förderlinie „Forschung zu sexualisierter Gewalt gegen
Kinder und Jugendliche in pädagogischen Kontexten" (Bundesministerium für
Bildung und Forschung 2019). An den regelmäßigen Fachtagungen dieses Netz-
werks beteiligen sich neben Forscher*innen insbesondere auch Vertreter*innen
von Betroffenenorganisationen. Um die hier skizzierten Fragestellungen in
diesem Rahmen angemessen diskutieren zu können, wurden im Vorfeld des Netz-
werktreffens, das am 01.-02.07.2019 an der Westfälischen Wilhelms-Universität
Münster stattfand, drei Expertisen eingeholt, die bei der Tagung von den Ver-
fasser*innen präsentiert und mit dem Plenum diskutiert wurden. Mit diesem
Band sollen diese Expertisen nun einer breiteren Öffentlichkeit und einer weiter-
führenden diskursiven Verhandlung zugänglich gemacht werden.

Die von Irena Medjedović erstellte Expertise stützt sich auf die langjährige
Beschäftigung der Autorin mit qualitativen Sekundäranalysen und beleuchtet
vornehmlich forschungsmethodologische Aspekte (Medjedović 2014). Sie verdeutlicht, dass Sekundäranalysen primär in quantitativen Forschungszweigen

beheimatet sind, zunehmend aber auch bei qualitativen Daten praktiziert werden. Die für die Aufbewahrung und Zugänglichmachung von Daten nötigen institutionellen Strukturen sind in Deutschland insgesamt noch im Aufbau. Mit einem erweiterten Blick auf internationale Erfahrungen, vor allem aus dem Kontext des UK Data Archive/Service, werden jedoch einige Ableitungen hinsichtlich der Möglichkeiten und Grenzen qualitativer Sekundäranalysen gezogen. Konkrete Potenziale thematisiert Irena Medjedović dahin gehend, dass Forscher*innen bei Sekundäranalysen eine spezifische Außenperspektive einnehmen, die gegenüber den Primärforschenden neue und weitergehende Erkenntnisse im Sinne einer Perspektiven-Triangulation ermöglichen. Weiterhin lassen sich durch Sekundäranalysen erweiterte Datensätze bilden, auf deren Grundlage Vergleichs- und Trendanalysen erstellt werden können, die wiederum eine erweiterte Theorieentwicklung und Generalisierungen ermöglichen. Auswertungen des UK Data Service zeigen hingegen, dass die dort abgerufenen Datensätze überwiegend in Lehre und Ausbildung zur Anwendung kommen. Neben den genannten Potenzialen bildet die besondere Vertrauensbeziehung zwischen Primärforschenden und Forschungsteilnehmer*innen und die immense Kontextspezifität qualitativer Forschungsdaten einen wichtigen Faktor. Die Aufbereitung von qualitativen Daten für Sekundäranalysen bedarf daher hochgradig individueller Verfahrensweisen, etwa im Bereich der Anonymisierung/ Pseudonymisierung und damit zusammenhängend bei der Gestaltung der informierten Einwilligung. Mit Blick auf mögliche Risiken, insbesondere bei hochsensiblen Forschungsthemen, verweist Irena Medjedović darauf, die bereits bei Datenzentren existierenden Verfahrensvorschläge und Instrumente in den Blick zu nehmen.

Hella von Ungers Expertise basiert auf fundierten Erfahrungen aus der Auseinandersetzung mit forschungsethischen Herausforderungen in unterschiedlichen qualitativen Forschungszusammenhängen (Unger 2014). Ein Kernthema dabei ist, dass qualitative Daten zu sexualisierter Gewalt nicht nur sensible Inhalte, sondern auch starke Personenbezüge, einen hohen Detaillierungsgrad und somit ein hohes Schadenspotenzial aufweisen. Die Archivierung und Nachnutzung dieser Daten kann daher zwar einerseits Ressourcen und Forschungsfelder schonen, aber andererseits auch zusätzliche Risiken mit sich bringen und sich negativ auf Primärforschungsprozesse auswirken, indem die Bildung von Vertrauensbeziehung zwischen Forschenden und Teilnehmenden unterminiert wird. Mit Blick auf die vorhandenen vielfältigen Unwägbarkeiten und offenen Fragen, geht die Tendenz in Hella von Ungers Expertise dahin, von einer generellen Empfehlung oder gar Verpflichtung zur Archivierung qualitativer Daten zu sexualisierter Gewalt zum gegenwärtigen Zeitpunkt abzuraten. Individuell ist jedoch zu prüfen, für welche Datensorten und Forschungskontexte eine Archivierung und Sekundärnutzung sinnvoll und forschungsethisch vertretbar sein können. Zu diesem Zweck ist beispielsweise die Einrichtung eines feldspezifischen Archivs denkbar. Die damit verbundenen Prozesse wiederum sind umfassend partizipativ zu gestalten. Die Zustimmung von Studienteilnehmer*innen zu Archivierung und Sekundärnutzung muss in jedem Fall eine freiwillige Option und jederzeit aufhebbar sein.

Die Expertise von Thomas Schlingmann bezieht sich schließlich dezidiert auf den Umgang mit Interviewdaten, die auf Gesprächen mit Betroffenen von sexualisierter Gewalt basieren. Er kommt darin zu dem Befund, dass aus Betroffenensicht nichts grundlegend und prinzipiell gegen Archivierung und Sekundärverwertung spricht, jedoch gewichtige Einwände zu berücksichtigen sind. Unabdingbare Prämissen sind die Gewährleistung eines umfassenden, informierten und widerrufbaren Einverständnisses, das auf intersubjektiver Verständigung basiert. Ebenso sind neue Konzepte einer partizipativen und nicht öffentlich zugänglichen Archivierung erforderlich. Thomas Schlingmann umreißt die (teils) divergierenden Interessenslagen von Forschenden und Betroffenen und die damit zusammenhängenden Ansprüche an den und auf die gemeinsam erzeugten Daten. Sowohl der Wunsch von Betroffenen, die Kontrolle über das eigene Leben und die eigene Geschichte zu bewahren als auch das Bestreben von Forscher*innen nach der Beantwortung einer Forschungsfrage werden jeweils als legitim erachtet. Die Verfügungsgewalt über die Nutzung der Interviewdaten in Form der Transkripte, insbesondere hinsichtlich Sekundärverwertungen, liegt jedoch bei den Betroffenen. Als möglicher Lösungsansatz wird der Aufbau einer „Kontaktbörse Forschung" vorgeschlagen, in der Forscher*innen und Betroffene Profile anlegen und ihre jeweiligen Ziele und Erwartungen darlegen könnten. Betroffene könnten auf diesem Weg die Transkripte bereits gegebener Interviews selbstbestimmt für neue Forschungsvorhaben zur Verfügung stellen.

Die lebhafte, engagierte und durchaus streitbare Diskussion dieser Expertisen im Rahmen der Netzwerktagung verdeutlichte, dass im Bereich der Forschung zu sexualisierter Gewalt noch viel Klärungsbedarf darüber besteht, ob und unter welchen Umständen Chancen und Risiken von Datenarchivierung und Sekundäranalysen in eine gute Balance gebracht werden können. Die Expertisen sind daher als wichtiger Impuls und fundierte diskursive Grundlage für die Fortführung und Weiterentwicklung der hierzu notwendigen Debatte anzusehen, die auch in anderen Forschungsfeldern konstruktive Resonanz hervorrufen kann. Mit diesem Band soll daher ein Beitrag zu einer möglichst breiten Rezeption der Expert*innenbefunde geleistet werden.

Literatur

Bange, D. (2016). Geschichte der Erforschung von sexualisierter Gewalt im deutschsprachigen Raum unter methodischer Perspektive. In C. Helfferich, B. Kavemann, & H. Kindler (Hrsg.), *Forschungsmanual Gewalt. Grundlagen der empirischen Erhebung von Gewalt in Paarbeziehungen und sexualisierter Gewalt* (1. Aufl., S. 33–51). Wiesbaden: Springer VS.

Bundesministerium für Bildung und Forschung (Hrsg.). (2019). *Sexualisierte Gewalt gegen Kinder und Jugendliche. Forschung fördern, Prävention verbessern, pädagogische Praxis stärken*, Berlin.

Christmann, B., Schwerdt, D., & Wazlawik, M. (2018). Umgang mit ethischen Fragen in der Forschung zu sexualisierter Gewalt an Kindern und Jugendlichen. Erfahrungen und Befunde im Rahmen des Forschungsnetzwerks „Sexuelle Gewalt in pädagogischen Kontexten". *Soziale Passagen, 15*(5), 34.

Dekker, A., & Briken, P. (2015). Ethik in der neuen Forschung zu sexueller Gewalt. *Zeitschrift für Sexualforschung, 28*(02), 149–152.

Dekker, A., & Wazlawik, M. (2015). Ethik in der Forschung zu sexualisierter Gewalt. *Zeitschrift für Sexualforschung, 28*(4), 311–401.

Heaton, J. (2008). Secondary analysis of qualitative data: an overview. *Historical Social Research/Historische Sozialforschung, 33*(3), 33–45.

Kindler, H. (2016). Ethische Fragen in der Forschung mit Kindern und Jugendlichen zu sexueller Gewalt: Ein Überblick. In C. Helfferich, B. Kavemann, & H. Kindler (Hrsg.), *Forschungsmanual Gewalt. Grundlagen der empirischen Erhebung von Gewalt in Paarbeziehungen und sexualisierter Gewalt* (1. Aufl., S. 69–101). Wiesbaden: Springer VS.

Medjedović, I. (2014). *Qualitative Sekundäranalyse. Zum Potenzial einer neuen Forschungsstrategie in der empirischen Sozialforschung*. Wiesbaden: Springer VS.

Poelchau, H.-W., Briken, P., Wazlawik, M., Bauer, U., Fegert, J. M., & Kavemann, B. (2015). *Bonner Ethik-Erklärung. Zeitschrift für Sexualforschung, 28*(02), 153–160.

Priebe, G., Bäckström, M., & Ainsaar, M. (2010). Vulnerable adolescent participants' experience in surveys on sexuality and sexual abuse: Ethical aspects. *Child Abuse and Neglect, 34*(6), 438–447.

Rau, T., Letsch, J., Wazlawik, M., Christmann, B., Fegert, J. M., & Allroggen, M. (2017). Bevor Forscherinnen und Forscher die erste Frage stellen können! *Soziale Passagen, 9*(1), 97–112.

Schlingmann, T. (2015). Für ein neues Verhältnis von Wissenschaft. *Praxis und Betroffenen. Z Sex-Forsch, 28*(04), 349–362.

Unabhängige Kommission zur Aufarbeitung sexuellen Kindesmissbrauchs. (2019). *Meine Geschichte. Bilanzbericht 2019. Band II*, Berlin.

Unger, H. v. (2014). Forschungsethik in der qualitativen Forschung: Grundsätze, Debatten und offene Fragen. In H. v. Unger, P. Narimani & R. M'Bayo (Hrsg.), *Forschungsethik in der qualitativen Forschung. Reflexivität, Perspektiven, Positionen* (S. 15–40). Wiesbaden: Springer VS.

Dr. Martin Wazlawik ist Professor für Soziale Arbeit mit dem Schwerpunkt Kinder- und Jugendhilfe an der Hochschule Hannover. Zu seinen Forschungsschwerpunkten zählen Theorien der Sozialpädagogik und Professionalisierung Sozialer Arbeit, Kinder- und Jugendhilfe, Pädagogische Professionalität, Prävention von sexualisierter Gewalt in pädagogischen Kontexten, Sexualpädagogik, Kooperation zwischen Jugendhilfe und Schule sowie Leitung und Organisation von Einrichtungen des Sozialwesens.

Bernd Christmann ist wissenschaftlicher Mitarbeiter in der Arbeitsgruppe „Pädagogische Professionalität gegen sexuelle Gewalt – Prävention, Intervention, Kooperation" der Westfälischen Wilhelms-Universität Münster. Seine Forschungsschwerpunkte umfassen sexualisierte Gewalt in pädagogischen Kontexten, Sexualpädagogik, Disclosure/ Aufdeckung von sexualisierter Gewalt, Sexualität und Migration sowie Forschungsethik.

Forschungsdatenmanagement und Sekundärnutzung qualitativer Daten

Expertise im Rahmen der BMBF-Förderlinie „Forschung zu sexualisierter Gewalt in pädagogischen Kontexten"

Irena Medjedović

1 Einleitung

Ein Management von Forschungsdaten findet in jedem Forschungsprojekt statt. Andere Anforderungen ergeben sich allerdings, wenn die Daten auch über das Forschungsprojekt hinaus genutzt werden sollen.

Neben eher technischen Fragen der formalen Sicherung der Qualität und Nutzbarkeit der Daten (Vollständigkeit, technische Qualität, Soft- und Hardware) umfasst ein solches Datenmanagement im Wesentlichen die rechtliche und ethische Dimension sowie die dokumentarische zur Erschließung relevanter Informationen über die Daten bzw. deren Erhebung. Für die Sekundärnutzung qualitativer Daten ergeben sich mit diesen angesprochenen beiden Dimensionen zwei Themenbereiche, die kontroverser in der Scientific Community diskutiert wurden und werden, somit auch in der vorgelegten Expertise größeren Raum einnehmen werden.[1]

---

[1]Die angesprochenen technischen Aspekte werden wiederum nicht in dieser Expertise behandelt.

I. Medjedović (✉)
Hoschule für Angewandte Wissenschaften, Hamburg, Deutschland
E-Mail: irena.Medjedovic@haw-hamburg.de

© Springer Fachmedien Wiesbaden GmbH, ein Teil von Springer Nature 2020
M. Wazlawik und B. Christmann (Hrsg.), *Forschungsdatenmanagement und Sekundärnutzung qualitativer Forschungsdaten,* Sexuelle Gewalt und Pädagogik 6, https://doi.org/10.1007/978-3-658-30047-0_2

Die Expertise nimmt sich allerdings vor, zunächst in den Stand der Sekundäranalyse als Forschungsstrategie[2] und das institutionell gestützte Data Sharing
einzuführen (Abschn. 2). Diese Bestandsaufnahme wird zeigen, dass es sich bei
der Sekundäranalyse qualitativer Daten um eine noch junge und wenig etablierte
Forschungsstrategie handelt – im Kontrast zu einer feststellbaren Tradition der
Sekundäranalyse in der quantitativ orientierten Forschung. Umso mehr stellt
sich die Frage nach Bedarfen und möglichen Potenzialen auch für die qualitative
Sozialforschung. In einem weiteren Sinne, nämlich als Sekundärnutzung ergeben
sich nicht nur Potenziale für die Forschung im Sinne der Theorie- und Wissensgenerierung, sondern auch spezifische Leistungen für die akademische Lehre,
den wissenschaftlichen Nachwuchs und nicht zuletzt auch für die Forschungsteil-
nehmenden (Abschn. 3).

Als eine besondere Variante der Sekundäranalyse ist die sog. Reanalyse mit in
die Definition aufzunehmen. Damit werden in Sekundäranalysen entweder gegenüber der Primäranalyse *neue oder ergänzende Fragestellungen* untersucht; oder
aber die erneute Analyse der Daten findet unter Beibehaltung der *gleichen Fragestellung* statt mit der Intention, die Validität der ursprünglichen Forschungsergebnisse auf den Prüfstein zu stellen. Mit dieser Verifizierungsfunktion konkurriert
die Reanalyse mit der sog. Replikation; Hoffnungen und Befürchtungen ranken
sich entsprechend um Fragen der Forschungstransparenz, Qualitätssicherung
und Überprüfbarkeit von Forschung – weshalb sich auch dem der Reanalyse
zugesprochenen Verifizierungs- bzw. Validierungspotenzial für die qualitative
Forschung analytisch gewidmet werden soll (Abschn. 4).

Um praktische Anforderungen an ein adäquates Forschungsdatenmanagement
zu formulieren, gilt es, die methodologischen Prämissen zu analysieren, die an
die Sekundäranalyse im engeren Sinne geknüpft werden bzw. sind. Dabei stellt
die Kontextsensitivität qualitativer Daten einen zentral vorgebrachten Einwand

---

[2]Der Begriff „Sekundäranalyse" beschreibt eine Strategie, bei der zur Beantwortung einer
Forschungsfrage auf bereits vorliegende Daten zurückgegriffen wird (vgl. Heaton 2004,
S. 16). Bei der Sekundäranalyse handelt es sich um keine Methode im engeren Sinne, d. h.,
es kann keine spezifische Verfahrensweise beschrieben werden. Stattdessen betrifft sie
eine Komponente in der Konstruktion von Untersuchungsplänen, nämlich die Auswahl des
empirischen Materials. Alternativ oder ergänzend zur Erhebung von Daten wird auf Daten
zurückgegriffen, die im Zusammenhang einer anderen Untersuchung erhoben wurden.
Abhängig von den konkret zu nutzenden Daten, den Forschungszielen und der methodologischen Ausrichtung der Sekundäranalyse können verschiedene Forschungsdesigns sowie
Erhebungs- und Auswertungsverfahren zur Anwendung kommen.

gegen die Machbarkeit von Sekundäranalysen dar, der allerdings dank eines produktiven Diskurses mit Möglichkeiten zur (alternativen) Kontexterschließung beantwortet wurde (Abschn. 5).

Eine für die Sekundäranalyse notwendige Kontextualisierung kann wiederum neue Probleme im Hinblick auf einen verantwortlichen Umgang im datenschutzrechtlichen und forschungsethischen Sinne aufwerfen. Qualitative Daten zeichnen sich häufig durch einen Detailreichtum an Informationen aus der Lebenswelt der Untersuchten aus und bauen darauf auf, dass in der Erhebungssituation eine Vertrauensbeziehung hergestellt wird, die einen Zugang zur Innenperspektive der Forschungssubjekte eröffnet. Auch diese Charakteristika qualitativer Daten sollen diskutiert werden in Bezug auf die Frage, inwiefern rechtlich und ethisch vertretbare Lösungen gefunden werden können für ein Datenmanagement, welches eine wissenschaftliche Nachnutzung ermöglicht, zugleich aber die Beteiligten, deren Rechte und den Rapport mit dem Feld nicht gefährdet (Abschn. 6).

2   Sekundäranalyse und Data Sharing: Entwicklung und Stand

Die Sekundäranalyse hat im Bereich quantitativer Methoden bereits eine lange Tradition: Bereits in den Jahren 1957 und 1960 waren die ersten großen Umfragearchive – das US-amerikanische „Roper Center for Public Opinion Research" und das „Zentralarchiv für Empirische Sozialforschung" in Köln (heute: GESIS-Datenarchiv) – gegründet worden (Scheuch 1967; mit der Monografie „Secondary Analysis of Sample Surveys: Principles, Procedures, and Potentialities" hatte Herbert H. Hyman 1972 einen weiteren Meilenstein für den Einzug der Sekundäranalyse in den Forschungs- und Methodenkanon der Sozialwissenschaften gesetzt.

Die Entwicklung der Sekundäranalyse in der quantitativen Forschungstradition ist mittlerweile so weit fortgeschritten, dass standardmäßig und kontinuierlich große Umfragedatensätze auf nationalem oder internationalem Niveau produziert werden, die von vornherein für die multiple Nutzung durch einen möglichst großen Kreis wissenschaftlicher Nutzer und Nutzerinnen konzipiert sind (Mochmann 2019). Hierzu zählen Umfrageserien wie die Allgemeine Bevölkerungsumfrage der Sozialwissenschaften (ALLBUS), das Sozio-oekonomische Panel (SOEP), Polit-und Eurobarometer, das International Social Survey Programme (ISSP), das World Value Survey etc. Diese „multipurpose surveys" (Hakim 1982, S. 3) verwischen die Grenzen zwischen Primär- und Sekundäranalyse, da sie keine Originalforscher bzw. -forscherinnen und keinen einzelnen und zentralen thematischen Fokus haben. Sie sind speziell designed, um ein breites Potenzial für Sekundäranalysen zu bieten.

Neben die etablierten zentralen Umfragearchive wie das GESIS-Datenarchiv in Deutschland gesellt sich heute ein Netzwerk von sog. Forschungsdatenzentren (FDZ). Seit der Jahrtausendwende unterstützt der vom BMBF ins Leben gerufene Rat für Sozial- und Wirtschaftsdaten (RatSWD, vormals Kommission zur Verbesserung der informationellen Infrastruktur zwischen Wissenschaft und Statistik (KVI)) diese Entwicklung einer dezentral ausgerichteten, d. h. bei den Datenproduzierenden selbst angesiedelten Forschungsinfrastruktur (RatSWD 2011). Mit nunmehr aktuell insgesamt 32 vom RatSWD akkreditierten Forschungsdatenzentren[3] ist der Zugriff auf hochwertige statistische Daten für sozial-, politik-, verhaltens- und wirtschaftswissenschaftliche Forschung selbstverständlich geworden – so selbstverständlich, dass Forscherinnen und Forscher zuweilen scherzen, keinen guten Grund zu entdecken, eigens Daten zu erheben (Donnellan et al. 2011, S. 3).

Sekundäranalyse war also lange Zeit ein Synonym für die erneute Nutzung statistischer, insbesondere Umfragedaten. Es war Barney Glaser (Glaser 1962, 1963) – bekannt für seine Arbeiten zusammen mit Anselm Strauss zur Grounded-Theory-Methodologie –, der bereits Anfang der 1960er Jahre propagierte, Sekundäranalysen nicht nur der quantitativen Forschung zu überlassen. Trotzdem wurde die qualitative Sekundäranalyse erst 30 Jahre später systematisch aufgegriffen. Mitte der 1990er Jahre sind vor allem im nordamerikanischen Raum Anfänge einer Auseinandersetzung mit den Potenzialen sowie den methodologischen Aspekten und Problemen der Sekundäranalyse qualitativer Daten durch einzelne sowie Gruppen von Forscherinnen und Forschern zu verzeichnen (Hinds et al. 1997; Szabo und Strang 1997; Thorne 1994). Diese ersten Aufsätze reflektieren Erfahrungen mit Sekundäranalysen, die im Kontext der Gesundheits- und Pflegewissenschaften durchgeführt wurden. Auf der Grundlage eines Reviews der englischsprachigen Literatur dieser Disziplin publizierte Janet Heaton (2004) einige Jahre später die erste Monografie zur qualitativen Sekundäranalyse. Darin widmete sie sich den methodologischen Besonderheiten der qualitativen Sekundäranalyse, die sie als eigenständige Forschungsstrategie definierte.

Die Einführung der qualitativen Sekundäranalyse im europäischen Raum ist vor allem mit den Bemühungen verbunden, Infrastrukturen für die Archivierung

---

[3]Vgl. Internetauftritt des RatSWD, https://www.ratswd.de/forschungsdaten/fdz. Zugegriffen: 04. Juni 2019.

und Bereitstellung qualitativer Primärdaten zu schaffen. Hauptakteur ist hier das bereits 1994 gegründete britische Qualidata, mittlerweile Teil des UK Data Service an der University of Essex; für Deutschland das Qualiservice an der Universität Bremen, vormals als Archiv für Lebenslaufforschung zur Jahrtausendwende gegründet.

Im Umfeld dieser Archive bzw. international zu beobachtender Archivgründungsbemühungen entstanden zahlreiche internationale und interdisziplinäre Veröffentlichungen zu Archivierung und Sekundäranalyse qualitativer Daten. Zu nennen sind hier insbesondere vier Schwerpunktausgaben der Zeitschrift „Forum Qualitative Forschung/Forum: Qualitative Social Research (FQS)" (Corti et al. 2000; Corti et al. 2005; Bergman und Eberle 2005; Valles et al. 2011), der Focus-Band der Zeitschrift „Historical Social Research/Historische Sozialforschung (HSR)" (Witzel et al. 2008) sowie die bis dato einzige deutschsprachige Monographie zur qualitativen Sekundäranalyse (Medjedović 2014). In diesen Publikationen finden sich einige exemplarische Sekundäranalysen in unterschiedlichen Anwendungsfeldern (Medjedović 2014, S. 51–54; Witzel et al. 2008) sowie Aufsätze, die die dieser Forschungsstrategie inhärenten Probleme aufzeigen und diskutieren (siehe hierzu Ausführungen weiter unten).

Mittlerweile hat die qualitative Sekundäranalyse auch in Publikationen Eingang gefunden, die von einem methodenintegrativen Verständnis ausgehen, sprich qualitative und quantitative gleichgewichtig darstellen. Zu nennen sind hier die vierbändige SAGE-Publikation zur Sekundäranalyse (Goodwin 2012) sowie die Beiträge von Medjedović (2019) und Mochmann (2019) im „Handbuch Methoden der empirischen Sozialforschung" von Baur und Blasius.

Hinsichtlich institutionalisierter Zugänge zu qualitativen Forschungsdaten lassen sich zumindest international gute Fortschritte verzeichnen (für den europäischen Stand vergleiche Corti 2018, S. 18; Neale und Bishop 2011; Valles et al. 2011). Umfangreichere Datensammlungen bieten beispielsweise das Henry A. Murray Research Archive an der Harvard University, das Qualidata als Teil des UK Data Service oder auch das Finnish Social Science Data Archive.

In Deutschland befinden sich entsprechende Infrastrukturen allerdings noch im Aufbau. Es finden sich eine Reihe dezentraler Archive für recht unterschiedliche qualitative Daten. Zum großen Teil sind diese Archive auf jeweils spezifische Themenbereiche und entsprechend unterschiedliche qualitative Datenformen spezialisiert. Neben einigen Archiven zu politischen Bewegungen und Parteiengeschichte (zum Beispiel „Archiv der sozialen Demokratie" der Friedrich-Ebert-Stiftung) können interessierte Forscherinnen und Forscher vor allem auf viele geschichtswissenschaftlich ausgerichtete Archive mit prozessproduzierten Daten, aber auch (auto-) biografischen Dokumenten und Interviews der Oral History (Archiv „Deutsches Gedächtnis" an der FernUniversität Hagen) zurückgreifen. Einzelne Serviceeinrichtungen mit Daten aus originär sozialwissenschaftlichen Forschungsprojekten offerieren bereits kleinere qualitative Datenbestände, die sie zurzeit ausbauen: so das Forschungsdatenzentrum Betriebs- und Organisationsdaten (FDZ BO) am DIW Berlin, das Forschungsdatenzentrum Bildung am Deutschen Institut für Internationale Pädagogische Forschung (DIPF) mit seinem Fokus auf Bildungsforschung und das bereits erwähnte Qualiservice an der Universität Bremen mit seinen Ambitionen eines überregionalen Datenservicezentrums (DSZ) für qualitative sozialwissenschaftliche Forschungsdaten, das neben dem bisherigen Fokus auf Interviewdaten erstmals auch ethnologische Forschungsdaten für die Sekundärnutzung erschließt[4].

Während Archivierung und Sekundäranalyse im Bereich quantitativer Methoden somit fest etabliert sind, gilt dies auch nach rund zwei Jahrzehnten Diskurs und Archivgründungsbemühungen nicht für qualitative Forschungsdaten. Zumindest in der deutschen Scientific Community werden diese Fragen immer noch und zum Teil kontrovers diskutiert. Dass auch der Rat für Sozial- und WirtschaftsDaten (RatSWD) in seiner Stellungnahme sich zwar für die Archivierung qualitativer Daten und deren Bereitstellung für Sekundäranalysen ausspricht, aber Forschende ausdrücklich nicht darauf verpflichtet (RatSWD 2015, S. 9), rekurriert auf einige methodologischen Besonderheiten und Prämissen, die mit der Sekundäranalyse qualitativer Daten und dem entsprechenden Forschungsdatenmanagement für die Nachnutzung zusammenhängen. Bevor auf diese Besonderheiten und Prämissen eingegangen wird, stellt sich zunächst die Frage nach dem generellen Wert der Bereitstellung qualitativer Daten für die qualitative Sozialforschung oder anders gesagt: Welche Potenziale eröffnen sich mit der Sekundärnutzung überhaupt?

3   Potenziale der Sekundärnutzung

Sowohl Befragungen in der qualitativen Forschungsgemeinschaft als auch erste Auswertungen von Datennutzungen zeigen, dass Sozialforscherinnen und -forscher qualitative Daten für die Sekundärnutzung nachfragen: So ergab die für Deutschland maßgebliche sog. Machbarkeitsstudie zur Archivierung und

---

[4]Vgl. Pressemitteilung der Universität Bremen vom 08.02.2019, https://idw-online.de/de/pdfnews710308. Zugegriffen: 04. Juni 2019.

Sekundärnutzung qualitativer Interviewdaten[5], dass über 60 % der befragten Sozialforscherinnen und -forscher Interesse an der Sekundärnutzung, sogar knapp 80 % am Aufbau einer entsprechenden Serviceinfrastruktur haben[6] (Medjedović und Witzel 2010, S. 103 f.; Opitz und Mauer 2005).

Zum Zeitpunkt der Machbarkeitsstudie fehlten in der deutschen Forschungs-landschaft weitgehend institutionelle Zugriffsmöglichkeiten auf qualitativen Daten. Trotzdem konnten Formen sekundäranalytischer Forschungspraxis festgestellt werden. Neben der sukzessiven Ausschöpfung in der Regel eigener Daten zeigten sich Ansätze eines „Data Sharing", das sich innerhalb von (größeren) Forschungs-instituten, aber auch über die Grenzen einzelner Institute hinweg in informellen Netz-werken bewegt (Medjedović 2014, S. 94–102). Die qualitative Sekundäranalyse wird in diesen Zusammenhängen bereits für eine Bandbreite wissenschaftlicher Zwecke und Zielsetzungen eingesetzt. Die wenigen Beispiele decken die Anwendungs-potenziale der Sekundäranalyse ab, die auch für die quantitative Forschung formuliert wurden und dort seit nunmehr über fünf Jahrzehnten praktische Relevanz besitzen.[7]

Aus der Perspektive einer bestehenden Serviceinfrastruktur registrierte der UK Data Service in den Jahren 2002–2016 mit über 7000 Nutzungen von insgesamt 60 % der 400 verfügbaren qualitativen Studien eine durchaus rege Nutzung (Bishop und Kuula- Luumi 2017, S. 4). Betrachtet man die Art dieser Nutzungen fällt auf, dass archivierte Daten zum überwiegenden Teil für Studium und Lernen – also von Studierenden und Qualifikant*innen etwa im Rahmen von Haus-arbeiten, explorativ oder für ihre Qualifikationsarbeiten – genutzt werden, gefolgt von Anwendungen in Forschung und Lehre etwa zu gleichen Teilen (Bishop und Kuula- Luumi 2017, S. 4 f.).

---

[5] „Archivierung und Sekundärnutzung qualitativer Interviewdaten – eine Machbarkeits-studie" (Laufzeit: 2003–2005). Ein durch die Deutsche Forschungsgemeinschaft (DFG) gefördertes Gemeinschaftsprojekt des Archivs für Lebenslaufforschung an der Universität Bremen und des Zentralarchivs für Empirische Sozialforschung an der Universität zu Köln (heute: GESIS). Projektteam: Prof. Karl F. Schumann, Dr. Andreas Witzel, Irena Medjedovic, Diane Opitz und Britta Stiefel (Bremen) sowie Prof. Wolfgang Jagodzinski, Dr. Ekkehard Mochmann und Reiner Mauer (Köln).

[6] Insgesamt wurden deutschlandweit 1104 Projektleitungen qualitativer Forschungsprojekte, die zwischen 1994 und 2003 qualitatives Interviewmaterial erhoben hatten (insges. 1750 Projekte), angeschrieben. Von den Angeschriebenen nahmen knapp 40 Prozent an der schriftlichen Befragung teil (n = 430). In einer anschließenden mündlichen Befragung wurden weitere 36 Interviews mit einem Subsample geführt.

[7] Bis auf eine Ausnahme: Während die Sekundäranalyse gerade im Bereich interkulturell und transnational vergleichender Studien für die quantitative Forschung heute eine zentrale Rolle spielt, besteht hier für die qualitative Sekundäranalyse eine Leerstelle.

Neben der Sekundäranalyse im engeren Sinne, in der es v. a. um Theorie-
und Wissensgenerierung geht, sind somit Leistungen des Data Sharing bzw.
der Sekundärnutzung für den wissenschaftlichen Nachwuchs sowie für Lehre
und Ausbildung nicht zu vernachlässigen. Grundlegende Stärken, die für alle
Anwendungsbereiche gelten, betreffen forschungsökonomische, -ethische und
soziale Aspekte der Sekundärnutzung.

3.1 Forschungsökonomische, -ethische und soziale Aspekte

Qualitative Daten stellen eine reichhaltige Quelle von Forschungsmaterial dar, die
jedoch häufig unausgeschöpft bleibt. In einer Zeit, in der Forschungsgelder und
-ressourcen knapper werden, dürfte dieses Phänomen zunehmen, da Forschungsergebnisse in kürzerer Zeit und/oder mit geringerem Personaleinsatz generiert
werden müssen. Gerade unter solchen eingeschränkten Bedingungen steigt die
Bedeutung, Sekundäranalysen durchführen zu können, beispielsweise wenn es
sich um seltene Ereignisse, schwer zugängliche Populationen oder Daten aus einschlägigen – und immer noch selten durchgeführten – qualitativen Längsschnittstudien handelt.

Auf vorhandene Daten zurückgreifen zu können, nimmt zudem Rücksicht auf
Teilnehmende, insbesondere wenn es sich um sensible Forschungsthemen oder
besonders vulnerable Populationen handelt, die so vor den Anstrengungen einer
erneuten Teilnahme geschont werden können. Das letzte Argument trifft sicherlich auf die Förderlinie Forschung zu sexualisierter Gewalt in pädagogischen
Kontexten zu, in verschärftem Maße, wenn es sich bei den Forschungssubjekten
um von sexualisierter Gewalt, womöglich minderjährige Betroffene handelt.
Bambey et al. (2018, S. 60) weisen für die Bildungsforschung zusätzlich darauf
hin, dass in institutionalisierten pädagogischen Forschungsfeldern wie der Schul-
und Unterrichtsforschung ein per se schwieriger und von den Genehmigungs-
behörden zusehends stärker reglementierter Feldzugang bestehe. Darüber hinaus
verspricht die Sekundäranalyse noch eine andere Art von sozialen Potenzialen,
die sich hauptsächlich auf das Innenverhältnis der Sozialwissenschaften beziehen.
Und zwar ermöglicht sie, verfestigte soziale Strukturen oder Privilegien innerhalb
der Sozialforschung aufzubrechen.

Hakim (1982) und Hyman (1972) sprechen in diesem Zusammenhang
von Monopolen bzw. oligarchischen Strukturen, wenn Forschung durch
einige wenige Organisationen stattfindet: Insbesondere im großen Maßstab

angelegte Untersuchungen erfordern ein Team von Expert*innen hinsichtlich der speziell anzuwendenden Techniken und Methoden der Datenerhebung.
Große Fördersummen erhalten daher diejenigen Forschungsinstitute, die sich
bereits in der Vergangenheit als kompetent erwiesen haben. Nun gibt es aber
auch Forscher*innen-Persönlichkeiten, die nicht in Teams organisiert sind oder
sein möchten. Ohne den Druck, vorzeigbare Daten(mengen) produzieren und
Drittmittel „einwerben" zu müssen, können diese „Individualist*innen" über
Sekundäranalysen frische und unterschiedliche Ideen einbringen und Wissen
voranbringen (Hakim 1982; Hyman 1972; auch Glaser 1963).

Diese*r „independent researcher" (Glaser 1963) gewinnt auch heute wieder
an Bedeutung, wenn man etwa an die zahlreichen, in den letzten fünfzehn
Jahren neu gegründeten Graduate Schools denkt, die häufig viele „Einzel-
kämpfer*innen" beherbergen, die ihre jeweils eigenen kleinen Forschungsprojekte planen und durchführen. Thorne (1994) weist darauf hin, dass einige
akademische Disziplinen Traditionen haben, in denen eine gewisse Distanz zur
Datenquelle anerkannt ist. Auch Forscher*innen-Persönlichkeiten haben unterschiedliche Talente, die manchmal eine sinnvolle Arbeitsteilung zwischen Datenerhebung und Theoriebildung nahelegen können. Die Sekundäranalyse eröffnet
damit das Potenzial, auch die Talente zu nutzen, die (weniger in der Datenerhebung als) in der Theorieentwicklung liegen („armchair induction", Thorne
1994).

3.2   Leistungen für wissenschaftlichen Nachwuchs, Lehre und Ausbildung

Forschungsökonomische Vorteile begründen mitunter, dass v. a. der wissenschaftliche Nachwuchs[8] ein gesteigertes Interesse an verfügbaren Daten hat. Denn in
diesen Fällen, in denen die materiellen Möglichkeiten begrenzt sind, bietet die
Sekundäranalyse die Chance wissenschaftlich zu arbeiten, ohne eigens Daten
erheben und die damit verbundenen Kosten aufbringen zu müssen. Gerade
Qualifikant*innen sehen sich häufig in einer ähnlichen Lage, sodass ihnen die
Sekundäranalyse das Potenzial eröffnet, zum einen über den Zugriff auf qualitativ
hochwertige und umfangreiche Datensätze, zum anderen durch das stärkere

---

[8]In der Analyse des UK Data Service waren ca. 40 % der Nutzer*innen Doktorand*innen
(Bishop und Kuula- Luumi 2017, S. 5). Auch die Nutzungen des erst seit 2012 bestehenden
FDZ Bildung bestätigen die Relevanz für den wissenschaftlichen Nachwuchs (Bambey
et al. 2018, S. 66).

Fokussieren der eigenen Gedanken auf die theoretischen Ziele und grundlegenden Gegenstände der Studie (statt auf die praktischen und methodologischen
Probleme einer neuen Datenerhebung) (Hakim 1982), wissenschaftliche Analysen
auf einem sonst kaum erreichbaren hohen Niveau durchzuführen.

Ferner können Sekundäranalysen ein nützlicher Ausgangspunkt für eigene
Forschung sein. In der quantitativen Forschung ist es üblich, klassische
Studien gezielt heranzuziehen, um bei der Formulierung des eigenen
Forschungsproblems, der Planung des konkreten Forschungsdesigns und
der Wahl der Methoden behilflich zu sein (Hinds et al. 1997). Nicht nur
für Forschungsnoviz*innen kann das Studieren der Interviewleitfäden und
-transkripte, Feldnotizen oder Memos aus der Interpretationsphase als wertvoller
Ideengeber („path finder") dienen.

Wie die bereits erwähnten Nutzungsanalysen des UK Data Service aber auch
des Finnish Data Service (Bishop und Kuula-Luumi 2017, S. 4 ff.) bestätigen, ist
der Zugriff auf archivierte Forschungsdaten für die akademische Lehre und Ausbildung ein weiterer wichtiger Aspekt.

In der Methodenausbildung verhilft die Einbeziehung von Originaldaten
empirischer Studien zu einem besseren Verständnis der zentralen Aspekte des
Forschungsprozesses. Mithilfe des nachvollziehenden Lernens werden die
theoretischen und methodologischen Überlegungen und deren Umsetzung in
konkrete Fragestellungen sowie die methodische Gestaltung des Forschungsprozesses verdeutlicht. Studierende können einerseits Techniken anschau-
lich kennenlernen und einüben, andererseits die Theoriebildung entlang des
empirischen Originalmaterials kritisch nachvollziehen. Datenserviceeinrichtungen unterstützen Lehrende durch erprobte und evaluierte innovative
Konzepte zur Nutzung archivierter Daten in der qualitativen Methodenlehre (vgl.
Stiefel 2007) sowie eigens für die Lehre aufbereitete bzw. zusammengestellte
Datensätze[9].

Die Nutzung von archivierten Daten in der Lehre stellt darüber hinaus einen
Mehrwert dar, da sie den Vergleich unterschiedlicher methodischer Ansätze und
Verfahren ermöglicht. Wenn Lehrende eigenes Datenmaterial aus Forschungs-
projekten in der Lehre einsetzen, ist dies aufgrund der Spezialisierungen der
Forschungsinstitutionen in der Regel auf einzelne Erhebungs- und Auswertungs-
verfahren beschränkt. Demgegenüber bietet der größere und methodisch

---

[9]Vgl. Internetauftritt des UK Data Service: https://www.ukdataservice.ac.uk/use-data/
teaching/teaching-resources/teaching-datasets.aspx. Zugegriffen: 10. Juni 2019.

differenzierte Datenbestand eines professionellen Datenarchivs eher die Voraussetzungen für eine erweiterte praxisbezogene Methodenausbildung. Durch die Darstellungs- und Vergleichsmöglichkeiten wird somit ein erweiterter Methodenkanon gefördert.

3.3   Leistungen für Theorie- und Wissensgenerierung

Neue Fragestellungen und Perspektiven.
Die Anwendung neuer theoretischer Gesichtspunkte oder veränderter Forschungsperspektiven auf „alte" Daten kann neue Erkenntnisse und Theorien generieren. So zeigen Medjedović und Witzel (2005) am Beispiel biographischer Interviewdaten einer Längsschnittstudie, wie es gelingt, mit der Untersuchung bereits existenter Daten ein theoretisches Konzept zu prüfen, welches in der Originalforschungsarbeit nicht zentral war.

Eine grundlegende Stärke der Sekundäranalyse besteht darin, dass sie die Sichtung der Daten mit einer Distanz ermöglicht, welche die in die eigene Forschung persönlich verstrickten Primärforscher*innen nur schwierig erreichen (Burstein 1978; Szabo und Strang 1997; Thorne 1994). Durch die Einnahme einer Außenperspektive können weitergehende Aspekte aufgedeckt werden, die zunächst nicht gesehen wurden. Statt der Wiederholung gleicher Befragungen begünstigen Sekundäranalysen auf diese Weise einen kumulativen Forschungsprozess (Fielding 2004). Dies gilt nicht nur, wenn neue oder ergänzende Fragen an die Daten gestellt werden, sondern besonders für sogenannte Re-Analysen, die die Daten einer erneuten Analyse unter der gleichen Fragestellung unterziehen (vgl. empirische Beispiele: z. B. Gläser und Laudel 2000; Fielding und Fielding 2000; König 1997).

Probleme komparativ untersuchen: interkulturelle und transnationale Vergleiche.
Ein besonderes Potenzial der Sekundäranalyse ergibt sich aus der Möglichkeit, Daten mehrerer Studien zusammenzuführen. Diese Analysen multipler Datensätze werden eingesetzt, um über die Datensätze hinweg gemeinsame (zusätzliche Evidenz, auch: *cross-validation,* Thorne 1994) und/oder divergierende Themen (Ergänzungsfunktion) zu untersuchen. Vergleichsanalysen (historisch, geografisch, kulturell, national) in größerem Maßstab werden möglich, die ansonsten nur unter hohem finanziellem und organisatorischem Aufwand zustande kämen.

In der quantitativen Forschungstradition erhält die Sekundäranalyse zunehmend ihre Relevanz im Bereich international vergleichender Forschung

(Hakim 1982; Schnell et al. 2005; Wienold 2007). Europäisch und international koordinierte Survey-Programme zur Beobachtung gesellschaftlicher und politischer Entwicklungen – wie Eurobarometer, das International Social Suvey Programme (ISSP), das European und das World Value Survey – sind dauerhaft angelegt und bei den entsprechenden Institutionen für die sozialwissenschaftliche Nutzung (in Deutschland beim GESIS-Datenarchiv) bereitgestellt. In der qualitativen Forschung sind hingegen kaum Forschungsunternehmungen bekannt, die auf vergleichbarem Niveau transkulturelle bzw. -nationale Vergleiche unternahmen. Die hier wenigen Beispiele kommen in der Regel auf informellen Wegen, durch quasi zufällige Begegnungen von Forschenden, die zu ähnlichen Forschungsthemen arbeiten, zustande (vgl. Heaton 2004: 48 f.).

Wandel verstehen: Untersuchung von Langzeitphänomenen.

Mit dem Vergleich von Datensätzen, die zu verschiedenen Zeitpunkten erhoben wurden, kann Wissen über allgemeine Prozesse und Strukturen des sozialen und psychologischen Wandels (von Individuen und Gruppen/Gesellschaften) akkumuliert werden. Eine Untersuchung von „trends over time" kann dabei auf verschiedenen Wegen stattfinden: über die Nutzung von Längsschnittstudien, von sukzessiven Querschnittstudien, die Zusammenlegung verschiedener Datensätze sowie die Kombination von Sekundäranalyse und neuer Erhebung (Dale et al. 1988).

Im Unterschied zur weit verbreiteten Nutzung der Methode des Zeitvergleichs für die Analyse von Trends im quantitativ orientierten Zweig der Sekundäranalyse sind entsprechende Versuche mit qualitativen Daten eher selten. Eine Pilotstudie stellt daher die Analyse von Mike Savage (2008) dar, in der er den Wandel sozialer Klassenidentitäten im Nachkriegs-Britannien mithilfe von qualitativen Daten der „Mass-Observation"-Direktiven aus zwei Zeitperioden (1948 und 1990) untersuchte.

Der direkte Zugriff auf Längsschnittstudien ermöglicht eine Analyse von Langzeit-Phänomenen, was einigen Wissenschaftler*innen – wie Procter bereits 1993 (S. 258) ausführt – unter den herrschenden „publish or perish"-Karrierebedingungen ansonsten nicht möglich wäre. Ein frühes Beispiel für eine Sekundäranalyse einer methodenkombinierten Längsschnittstudie ist Glen H. Elders „Children of the Great Depression" von 1974 (vgl. auch Elder et al. 1993), mit der er wesentlich zur Begründung der Lebenslaufforschung beitrug. Elder nutzte die Daten der „Oakland Growth Study", eine Langzeitstudie zur Erforschung physiologischer, psychologischer und sozialer Aspekte der adoleszenten Entwicklung. Die Studie begleitete in den Jahren 1920–21 geborene US-Amerikaner*innen (aus Oakland in Kalifornien) seit den frühen 1930er Jahren (der Zeit der „Great Depression"), durch den Zweiten Weltkrieg, die Nachkriegszeit der 1940er und 50er Jahre, bis hinein in die 1960er Jahre. In seiner späteren Forschungsarbeit erweiterte Elder seinen Untersuchungsansatz, indem er vergleichbare Daten einer Längsschnittstudie einer späteren Kohorte – der „Berkeley Guidance Study" – hinzuzog (Elder et al. 1993). Auf diese Weise lassen sich Veränderungen zwischen Kohorten studieren (Dale et al. 1988, S. 52).

Ähnlich ergänzten auch die beiden Kriminologen Laub und Sampson (1998, 2003) ihre Sekundäranalyse eines Subset der Längsschnittstudie zu Jugend-Delinquenz aus den 1940er bis 1960er Jahren von Glueck und Glueck (1951, 1968) mit der Durchführung einer follow-up-Studie, in der Teilnehmer*innen aus dem ursprünglichen Sample in lebensgeschichtlichen Interviews retrospektiv über ihren Lebenslauf befragt wurden. Mit dieser kombinierten Vorgehensweise gelang es ihnen, Wendepunkte im Lebenslauf dieser anfangs delinquenten Jugendlichen bis ins Alter von 70 Jahren zu untersuchen und dabei Muster und Konfigurationen relevanter persönlicher Merkmale für die unterschiedlichen Lebensverläufe zu bestimmen.

Auch aus Momentaufnahmen lassen sich im Nachhinein Längsschnittstudien konstruieren. In Fällen, in denen noch die Adressen des Samples der Primärstudie existieren, bietet sich die Möglichkeit, die Teilnehmer*innen erneut aufzusuchen und zu befragen. Das US-amerikanische Murray-Archive verweist auf mehrere auf diese Weise entstandene Follow-up-Studien (James und Sørensen 2000).

Theorieentwicklung und Verallgemeinerung.

Die Zusammenlegung von Datensätzen kann auch dazu dienen, eine spezifische Untersuchungsgruppe zu vergrößern oder zu ergänzen, um verallgemeinerbare Theorien zu generieren (erweitertes Sampling nach Thorne 1994). In der quantitativen Forschungstradition läuft die Zusammenlegung mehrerer Datensätze unter dem Begriff Kumulation oder Pooling (Friedrichs 1983; Hyman 1972). Über die Kombination und Zusammenlegung von verfügbaren und vergleichbaren Surveys kann ein neuer großer Datensatz bzw. ein „Super-Survey" (Hyman 1972, S. 22) kreiert werden. So gilt die sog. Kumulation bzw. das Pooling als ein Mittel zur Vergrößerung der Stichprobe und ist v. a. nützlich, wenn die untersuchte Gruppe jeweils nur einen kleinen Teil der Fälle in den verfügbaren Datensätzen ausmacht.[10] Bei der Kumulation werden in der Regel

---

[10]Insbesondere bei kleinen Datensätzen können diese auch separat, und zwar als (gegenseitige) Replikationen eingesetzt werden, um Hypothesen zu testen und die Reliabilität von Ergebnissen zu prüfen: Auch wenn die Fallzahl in jedem Datensatz klein ist, gilt die Reliabilität als gestützt, wenn alle Datensätze die gleichen Ergebnisse liefern (Hakim 1982, S. 17; siehe auch „cross-validation" bei Thorne 1994, S. 267).

eine ganze Reihe von Umfragedatensätzen genutzt. Die Kumulation beschreibt zugleich ein neues methodisches Vorgehen, da hierbei erstmals nicht mehr die einzelne Umfrage, sondern vielmehr das einzelne Interview als die Einheit der Information behandelt wird (Klingemann und Mochmann 1975, S. 187).

Fielding (2004, S. 98) sieht hier auch ein Potenzial für die qualitative Sozialforschung, nämlich einen gegenüber der qualitativen Forschung häufig geäußerten Einwand zu überwinden: den Mangel an kumulativem Charakter und Verallgemeinerbarkeit ihrer Erkenntnisse. Aber auch ohne größere Datengrundlage erlaubt der gezielte Vergleich verschiedener Datensätze, theoretische Konzepte und Hypothesen zu prüfen und etwa durch die Übertragung aus einer sozialen Gruppe oder einem Handlungskontext auf eine(n) andere(n) weiterzuentwickeln (vgl. beispielhaft Janneck 2008).

Einen Einblick in eine Sekundäranalyse, die das kumulative und das vergleichende Element verbindet, gibt die Studie zu Berufsfindung und Berufsberatung aus den 1980er Jahren (Kap. 2 in Medjedović und Witzel 2010). Hier wurden drei interviewbasierte Studien aus unterschiedlichen Regionen kombiniert. Ein Beispiel für die Nutzung mehrerer, methodisch stärker variierender Datensätze ist die Sekundäranalyse von Ferrell et al. (1996). Für die Untersuchung von chronischer Müdigkeit („Fatigue") bei Krebserkrankungen stellten sie Daten aus vier separaten Studien zur Lebensqualität bei Krebs zusammen, indem sie gezielt jeweils nur die Äußerungen zu Fatigue aus Interviews, Gruppeninterviews und offenen Fragen innerhalb von Fragebögen extrahierten. Zwei der Primärstudien enthielten direkte Fragen nach Erfahrungen mit Fatigue und deren Auswirkungen auf die Lebensqualität. In den anderen beiden Untersuchungen wurde die Thematik spontan von den Befragten aufgebracht und als ein Aspekt von Lebensqualität diskutiert. Aus einem Sample von 910 Frauen und Männern mit Krebserkrankungen verschiedener Art konnte die deskriptive Sekundäranalyse des qualitativen Datenmaterials beleuchten, wie dieses vermeintlich isolierte „physiologische Symptom" Fatigue von Patient*innen selbst definiert und erfahren wird. Die Analyse demonstriert die Auswirkung von Fatigue auf alle Dimensionen von Lebensqualität (physiologisches, psychologisches, soziales und geistiges Wohlbefinden) und führte damit eine neue Forschungspriorität in die onkologische Pflegewissenschaft ein.

4 Forschungstransparenz, Qualitätssicherung, Reanalyse – oder: Die Crux mit der Überprüfbarkeit

Neben der Sekundäranalyse im engeren Sinne, in der im Wesentlichen neue oder ergänzende Fragen an das Datenmaterial herangetragen werden, formulierte Heaton die sog. Reanalyse (re-analysis). Diese bezeichnet – laut Definition – die erneute Analyse bereits vorhandener Daten unter der *gleichen* Fragestellung und intendiert, die Resultate der ursprünglichen Analyse zu überprüfen bzw. zu verifizieren (Heaton 2004, 2008).

Diese vermeintliche „Verifizierungsfunktion" der Reanalyse wird besonders unter dem Stichwort Forschungstransparenz und Archivierung von Forschungsdaten verstärkt diskutiert. Im Rahmen der Gründung des britischen Qualidata setzte sich Hammersley bereits 1997 mit der Reanalyse als Instrument zur Prüfung von Forschungsergebnissen durch andere Forscher*innen kritisch auseinander. In Deutschland wird – vor allem infolge eines Aufsehen erregenden Falls der Datenfälschung in der Biomedizin – von Wissenschaftsorganisationen der Rückgriff auf Originaldaten eingefordert und Wissenschaftler*innen werden dazu angehalten, ihre Daten über einen längeren Zeitraum für Reanalysen zu sichern, um damit wissenschaftlichen Irrtümern und Fälschungen zu begegnen (DFG 1998, 2013, 2017; RatSWD 2015). Wie dem folgenden Zitat zu entnehmen ist, formuliert die DFG dabei die Nachvollziehbarkeit von Daten und Ergebnissen ausgehend von dem (naturwissenschaftlichen) Ideal der Replizierbarkeit, sprich der exakten Nachbildbarkeit einer Untersuchung:

> „Experimente und numerische Rechnungen können nur reproduziert werden, wenn alle wichtigen Schritte nachvollziehbar sind. Dafür müssen sie aufgezeichnet werden. […] Wiederum gilt Ähnliches in der Sozialforschung […]." (DFG 1998, S. 12)

Auch die Diskussion in der deutschsprachigen qualitativen Forschung greift diesen Punkt auf. Angesichts eines verschärften Wettbewerbs um Forschungsgelder sieht Reichertz (2007) eine neue Notwendigkeit für die qualitative Forschung, ihre Anerkennung und praktische Relevanz im Wissenschaftsbetrieb zu behaupten. Die Archivierung und Bereitstellung für Sekundäranalysen (genauer: Reanalysen) sei in diesem Zusammenhang ein Instrument, um qualitative Forschung der intersubjektiven Nachvollziehbarkeit zugänglich zu machen und darüber wissenschaftliche Gütestandards qualitativer Forschung fest zu etablieren. Als weiterer Bestandteil dieser Nachvollziehbarkeit formuliert

Reichertz die Notwendigkeit der Kanonisierung der einzelnen Methoden, sodass diese „von jedem eingesetzt werden können und zu einem vergleichbaren Ergebnis führen" (Reichertz 2007, S. 200). Zwar ist Reichertz sicherlich kein Vertreter naturwissenschaftlich orientierter bzw. positivistischer Forschungsideale, doch ist auch in seiner Definition von intersubjektiver Nachvollziehbarkeit bzw. der diesbezüglichen Leistung von Reanalysen der Gedanke der Replizierbarkeit von (vergleichbaren) Forschungsergebnissen angelegt.

Methodologisch lassen sich allerdings berechtigte Einwände gegen das Validierungspotenzial von Reanalysen vorbringen.

So weist Hammersley (1997, S. 132) darauf hin, dass Replikationen in den Sozialwissenschaften sehr begrenzt möglich sind, da die untersuchten Phänomene zu variabel sind. Aufgrund der Zeitspanne zwischen zwei Untersuchungen und der darin stattgefundenen Veränderungen der Umstände sei eine Nachbildung einer vormaligen Studie durch eine neue daher in entscheidenden Punkten letztlich eine Untersuchung *verschiedener* Phänomene.

Für Reanalysen qualitativer Studien gilt ferner, dass die fehlende Standardisierung qualitativer Verfahren eine Dokumentation erschwert, die als Grundlage für die Wiederholung der angewandten Auswertungs- und Interpretationsschritte en détail dienen könnte. Wie weiter unten in den Ausführungen zur Kontextsensitivität noch deutlich werden wird, geht es bei der Nachvollziehbarkeit des Erhebungskontextes jedoch nicht bloß um eine technische Frage, sondern begründet eine jeweils andere Ausgangssituation für Primär- und Sekundärforschung. So spielen in der qualitativen Erhebungssituation das Erleben der individuellen Interaktion und die Subjektivität der Interagierenden eine große Rolle und fließen als mehr oder weniger „tacit knowledge" in die Interpretation ein. In der Reanalyse fehlt dieser unmittelbare Kontextbezug. Qualitative Auswertungsverfahren sind in der Regel auch nicht in dem Maße operationalisierbar, dass der Versuch, die gleiche Auswertungsmethodik anzuwenden, auch bedeutet, in gleicher Weise vorzugehen.

Darüber hinaus ist die Verifizierungs- bzw. Validierungsfunktion der Reanalyse abhängig von der Frage, wie Forschungsergebnisse überhaupt bewertet werden können bzw. Validität von Forschungsergebnissen „gemessen" werden kann – eine Frage, deren Beantwortung in der qualitativen Forschung keineswegs Einigkeit erreicht hat (vgl. Flick 2018, außerdem die Diskussion in Erwägen – Wissen – Ethik 18). Entsprechend einer Vielfalt qualitativer Forschungsansätze existieren auch unterschiedliche wissenschaftliche Auffassungen und Lösungsansätze, die sich von Qualitäts*standards* (bestimmter) qualitativer Verfahren über *Kriterien* zur Bewertung qualitativer Forschung bis zu *Strategien* der Geltungsbegründung erstrecken (Medjedović 2014, S. 191–196).

Auch sind die bisherigen empirischen Beispiele für Reanalysen (zum Beispiel Gläser und Laudel 2000; Fielding und Fielding 2000; König 1997) weniger tatsächliche Überprüfungen im Sinne eines schrittweisen Nachvollzugs des originären Forschungs- und Theoriebildungsprozesses. Sie zeigen, dass Reanalysen zwar wertvolle Hinweise auf methodologische Probleme der Primärstudie sowie auf die Konstruktionsprozesse, die bei jeder Interpretation von Daten am Werk sind, geben können, aber kaum geeignete Mittel zur „echten Falsifizierung" von Forschungsergebnissen darstellen. Vielmehr werden alternative oder neue theoretische Sichtweisen an den Daten entwickelt bzw. aufgedeckt, welche Themen in der Primäranalyse nicht erforscht wurden.[11]

Die Einnahme unterschiedlicher Perspektiven auf einen Forschungsgegenstand ist in der Methodendiskussion vor allem unter dem Begriff Triangulation gefasst (Denzin 1977; Flick 2011). Somit kann die Reanalyse als Perspektiven-Triangulation (Medjedović 2014, S. 204–213) aufgefasst werden: Die Betrachtung des gleichen Datensatzes durch mehrere Forschende (mit jeweils eigenen theoretisch-methodologischen Ansätzen) kann nicht nur zu einem Erkenntniszuwachs über den untersuchten Gegenstand beitragen, indem sich die verschiedenen Blickwinkel gegenseitig ergänzen. Als methodologisches Instrument eingesetzt, ermöglicht diese Vorgehensweise auch, die gemeinsamen Grundlagen und Differenzen der verschiedenen Ansätze genauer auszuloten und eine Methodenentwicklung voranzutreiben (beispielhaft Van den Berg et al. 2003).

Losgelöst von Fragen der Replizierbarkeit und der Reanalyse kann die Archivierung von Forschungsdaten verbunden mit einem professionellen Forschungsdatenmanagement positive Rückwirkung auf die (Qualität von) Primärforschung haben, indem zum einen der – von außen – geforderten Forschungstransparenz und Belegfunktion nachgekommen werden kann und zum anderen Primärforschende mehr Unterstützung für die Aufbereitung und Beschreibung ihrer Daten im gesamten Forschungsprozess und damit bei der Herstellung – methodologisch geforderter – intersubjektiver (nicht Überprüfbarkeit, sondern) Nachvollziehbarkeit ihrer Forschung (Steinke 2005, S. 324) erhalten. Doch auch diese Frage berührt eine Kontroverse, die im Zusammenhang der Sekundäranalyse qualitativer Daten geführt wurde und teilweise noch geführt wird: das Problem der Kontext-sensitivität qualitativer Daten.

---

[11]Im Sinne einer *erweiterten diskursiven Validierung mit empirischer Überprüfung von Deutungshypothesen am Material* kann die Reanalyse als Überprüfung der Ergebnisse der Primärstudie durchgeführt werden. Hierbei ist jedoch zu beachten, dass auch bei der als „Hypothesentest" angelegten Reanalyse eine andere Lesart derselben Daten am Werk ist.

5   Das Problem der Kontextsensitivität und Wege der Kontextualisierung

Die Sekundäranalyse unterstellt, dass Daten auch außerhalb ihres unmittelbaren Erhebungskontextes ausgewertet und interpretiert werden können. Diese Annahme ist jedoch nicht unumstritten und bietet die Grundlage für eine methodologische Diskussion, die zum Teil stark polarisiert geführt wurde. Die prominenteste Kritik an der Machbarkeit der Sekundäranalyse stammt von Mauthner et al. (1998). Gestützt auf eigene sekundäranalytische Versuche stellten sie die (über historische und methodologische Untersuchungen hinausgehende) erneute Nutzung qualitativer Daten prinzipiell infrage. Da es unmöglich sei, den ursprünglichen Status, den die Primärforschenden hatten, wiederherzustellen, sei die Sekundäranalyse unvereinbar mit einer interpretativen und reflexiven Epistemologie (Mauthner et al. 1998, S. 742–743). Andere Autor*innen sind dagegen der Auffassung, dass der Nachvollzug kontextueller Effekte weniger ein epistemologisches als ein praktisches Problem sei, das sich auch in Primäranalysen stelle. Qualitative Forscher*innen hätten häufig mit unvollständigen (Hintergrund-)Informationen umzugehen und abzuwägen, inwieweit ein Aspekt tatsächlich belegt werden könne oder doch verworfen werden müsse (Fielding 2004, S. 99). Eine zweite Form der Replik auf Mauthner et al. (1998) kritisiert deren Verharren in einem Verständnis von Kontext, der statisch und fix in der Vergangenheit angesiedelt werde. Moore (2006) verweist darauf, dass Forschende in der Auseinandersetzung mit den Daten diese immer auch in einen eigenen Kontext *setzen*. Daher sei es nicht das Ziel, das originäre Forschungsprojekt und den ursprünglichen Status, den die Primärforschenden hatten, vollständig nachzubilden. Vielmehr sei die Sekundäranalyse als neuer Prozess der Rekontextualisierung und Rekonstruktion von Daten zu verstehen. Auf Moores Argumentation beruhende Plädoyers, den Dualismus zwischen Primär- und Sekundäranalyse nun endgültig aufzuheben (Bishop 2012), werden aber immer noch zurückgewiesen mit dem Verweis darauf, dass die begriffliche Trennung benenne, dass es sich bei der Sekundäranalyse nun mal um eine besondere Situation handele (Hammersley 2012).

Diese Diskussion reflektiert darauf, dass die Kontextsensitivität (oder auch Berücksichtigung der „Indexikalität", Garfinkel 1973) einen Grundpfeiler qualitativer Forschung darstellt. Die Einsicht in die Kontextabhängigkeit einer sprachlichen Äußerung oder einer Handlung eint alle qualitativen Forschungsansätze und berührt einen wichtigen Punkt im Selbstverständnis dieser Forschungstradition (historisch als „Durchsetzungs-Kampf" gegenüber dem sog. „normativen Paradigma" geführt, Wilson 1973). Hinzu kommt, dass qualitative

Forschung häufig damit verbunden wird, sich persönlich ins Feld zu begeben, um mit Kontextwissen aus „erster Hand" die anschließende Analyse und Interpretation der Daten leisten zu können. In Sekundäranalysen fehlt dem*der Forscher*in dieser unmittelbare Bezug zum Kontext. Alternativ können aber Wege der Kontextualisierung aufgezeigt werden. Für die Sekundäranalyse ist hierbei relevant, welche Art von Kontext überhaupt gemeint ist – denn Kontext wird je nach Forschungsansatz unterschiedlich definiert (Goodwin und Duranti 1992, S. 2) und ist somit auch je nach Auswertungsinteresse unterschiedlich relevant.

Für Daten, die auf geführten Interviews bzw. auf Gesprächen und Interaktionen (z. B. im Kontext ethnografischer Studien) basieren, können Kontextinformationen wie folgt erschlossen werden:

Auf der Ebene der einzelnen Interaktion sollte zuallererst der Zugang zu den „Daten selbst" gegeben sein. In qualitativen Auswertungsverfahren von Interviews wird der Fallanalyse, sprich der intensiven Auswertungsarbeit an der einzelnen Untersuchungseinheit, ein zentraler Stellenwert eingeräumt. Das heißt, auch in Studien, die allgemeine Aussagen auf der Grundlage von vielen Interviews entwickeln, dient die sorgfältige Auswertung und Interpretation des einzelnen Interviews etwa durch eine „Satz-für-Satz-Analyse" des Interviewtranskriptes (Witzel 2000, Abs. 19 f.) in der Regel als Ausgangspunkt. Diese Interpretation setzt den Fokus auf den Kontext, den die Beteiligten durch die wechselseitige Bezugnahme aufeinander in der Interaktion selbst erzeugen *(kommunikativer Kontext der Konversation)*. Das heißt, entscheidend ist, wie die Beteiligten das Gespräch führen. Die detaillierte Arbeit am einzelnen Fall erfordert den Zugriff auf Aufnahmen und/oder das Gespräch möglichst präzise erfassende Transkripte; die Einbettung einer einzelnen Sequenz in den Gesamtverlauf der Interaktion oder einer einzelnen Äußerung in den Kontext einer längeren Erzählung erfordert die Vollständigkeit von Aufnahme oder Transkript.

Darüber hinaus werden Metainformationen über das Gespräch als soziale Situation *(situationaler Kontext)* relevant. Eine Interaktion und ihre Akteur*innen sind stets verortet in Raum und Zeit, d. h., dass das unmittelbare Setting bedeutsam sein kann: Soziale Interaktionen können etwa zu unterschiedlichen Tageszeitpunkten unterschiedlich verlaufen. Ebenso können räumliche Bedingungen das Gespräch beeinflussen oder selbst empirisches Material für die Forschungsfrage liefern (z. B. die Wohnsituation der Befragten). Ferner mögen die Beteiligten ein gemeinsames Hintergrundwissen haben, das die Interaktion rahmt und von Bedeutung ist, aber nicht explizit im Gespräch artikuliert wird. Beispiele hierfür wären: Merkmale der Beteiligten wie Alter, Geschlecht, Ethnie, soziale Klasse; Informationen über relevante Dritte oder die Anwesenheit Dritter sowie weitere Informationen über die Beziehung zueinander, die etwa durch die Art der Kontaktaufnahme und die Bedingungen, unter denen das Gespräch zustande gekommen ist, beeinflusst wurde (Van den Berg 2005). Derartige Informationen können über Feld- oder Interviewnotizen (sog. „Postskripte", Witzel 2000; Witzel und Reiter 2012, S. 95–98) für die Sekundäranalyse zugänglich sein.

Soziales Handeln – und damit auch die Erhebungssituation – findet immer in einem institutionellen, kulturellen, sozio-politischen und historischen Kontext statt. Dieser *extra-situationale Kontext* (oder auch *"Makro"-Kontext*) meint ein Hintergrundwissen, das über das lokale Gespräch und sein unmittelbares Setting hinausgeht. Doch auch dieser Kontext ist kein objektiver Satz von Umständen, der getrennt von den sozialen Akteuren vorliegt, sondern es geht um diejenigen Bestandteile des äußeren Kontextes, die sich empirisch manifestieren bzw. von den Beteiligten in der Interaktion tatsächlich aufgriffen werden. Wenn eine Studie sich etwa für bestimmte soziale Fragen und politische Debatten interessiert, ist es für die Sekundäranalyse von hohem Wert, diese Verknüpfung auch nachvollziehen zu können (z. B. über „graue Literatur", Bishop 2006).

Nicht selten werden qualitative Daten in Kontexten erhoben, die durch eine *lokale Kultur* (Holstein und Gubrium 2004) charakterisiert sind. Dies kann beispielsweise eine Praxis oder (Fach-) Sprache sein, die innerhalb einer Institution, einer sozialen oder beruflichen Schicht oder eines geografischen Gebiets geteilt werden. Für Sekundäranalysen kann es daher entscheidend sein, den Zugang zu Dokumentationen zu haben, die die Daten in dieser elementaren Weise erst verständlich machen (z. B. Glossar eines Fachvokabulars).

Bishop (2006) ergänzt *„Projekt"* als besonderen Teil der Situation, weil Forschungsprojekte spezifische Kontextmerkmale als eigenes Subset des Gesamtsettings einschließen. Heruntergebrochen auf die einzelne Situation bedeutet dies, dass Forschende einen (projekt-) spezifischen Erhebungskontext *produzieren,* vor dessen Hintergrund sich Feldinteraktionen vollziehen. Dies umfasst die methodischen Entscheidungen (wie die Wahl der Erhebungsmethode, des Forschungsdesigns), die theoretischen Vorannahmen, den institutionellen Hintergrund etc. Aufgrund der Kürze und Präzision, die Fachzeitschriften und Verlage erfordern, bieten die in Publikationen üblichen Kapitel zu Methodik und Durchführung einer Untersuchung keine ausreichende Erläuterung der methodischen Details. In Ergänzung sollte auf weitere (meist unveröffentlichte) Projektdokumente zurückgegriffen werden, die die wesentlichen Informationen über das Forschungsprojekt enthalten (wie z. B. Anträge, Berichte, Leitfäden, Arbeitspapiere, Forschungstagebücher, Memos; zu den Bestandteilen einer Dokumentation s. auch: Steinke 1999, S. 208–214).

Datenserviceeinrichtungen wie das Datenservicezentrum Qualiservice (Kretzer 2013, S. 101 ff.)[12] oder das Forschungsdatenzentrum Bildung (Bambey et al. 2018, S. 62 f.) haben Leitfäden für die Kontextualisierung von Daten auf den beschriebenen Ebenen erarbeitet, an denen sich Forschungsprojekte orientieren können.

Diese Kontextinformationen dienen den Datenserviceeinrichtungen nicht nur zur (Erfassung und) Kontextualisierung der eigentlichen Primärdaten. Sie sind darüber hinaus auch die Basis für die sog. Metadaten. Als deskriptive Metadaten[13] ermöglichen diese an der Sekundärnutzung Interessierten die Identifikation bzw. das Auffinden von Studien bzw. Daten[14] und erlauben eine erste Entscheidung über die Nützlichkeit für das jeweilige Forschungsvorhaben.[15] Die internationalen Vorreiter im Bereich des Service für qualitative Daten orientieren sich bei der Erstellung von Metadaten am internationalen Dokumentationsstandard der Data Documentation Initiative (DDI), der bereits seit längerer Zeit im Bereich der quantitativen Daten-archivierung etabliert ist und in angepasster Form auch bei qualitativen Daten Anwendung findet.[16]

---

[12]Leitfaden abrufbar über: www.qualiservice.org/fileadmin/text/Leitfaden_Studienreport_Kontexte.pdf. Zugegriffen: 13. Juni 2019.

[13]Neben den deskriptiven erzeugen und arbeiten Datenserviceeinrichtungen mit weiteren Metadaten, wie z. B. mit sog. strukturellen und administrativen Metadaten, die für das interne Datenmanagement notwendig sind (weiter ausgeführt in Kretzer 2013, S. 101).

[14]Für Sekundäranalysen oder -nutzungen ist nicht unbedingt der gesamte Datensatz einer Studie von Interesse. Vielmehr werden z. B. einzelne Interviews als die Einheit der Information angesehen, sodass innerhalb von Datensätzen oder über die Grenzen eines Datensatzes hinweg neue Datenkollektive zusammengestellt werden. Metadaten auch auf der Ebene der einzelnen Daten zu erstellen, ist daher relevant, um dieses „Sorting" zu ermöglichen (für nähere Ausführungen zur Fallauswahl in Sekundäranalysen s. Medjedović 2018, S. 116 ff.).

[15]Diese Art von Informationen wird typischerweise in Form von Studienbeschreibungen in Datennachweissystemen bzw. sog. Bestandskatalogen bereitgestellt. Sie enthalten in der Regel eine kurze Zusammenfassung der Studie und Angaben zu den wesentlichen Eckdaten, die einen Überblick über die Studie vermitteln. Potenziellen Sekundärforschenden ermöglichen sie die Prüfung folgender Fragen in Bezug auf die Passung bzw. Nutzbarkeit der jeweiligen Daten: Was ist die Zielsetzung der Studie und ihr konzeptioneller Rahmen? Welche Inhalte werden tatsächlich behandelt? Wie wurden die Daten erhoben (Untersuchungsdesign, Methoden, Sampling)? Wie wurden die Daten aufgezeichnet und transkribiert? Von welcher Qualität sind die Daten? Welches Kodierungsverfahren wurde eingesetzt? Wann wurden die Daten erhoben (Aktualität)? (s. auch „Assessment Tool" in Hinds et al. 1997, S. 420–421 sowie Heaton 2004, S. 93).

[16]Siehe: Hoyle and the DDI Qualitative Data Working Group (o. J.):"A Qualitative Date Model for DDI", https://www.ddialliance.org/sites/default/files/AQualitativeDataModelForDDI.pdf. Zugegriffen: 13. Juni 2019.

Auch empfiehlt sich die Anwendung eines entsprechenden Forschungsdaten-
managements gleich während des primären Forschungsprojektes – idealerweise
begleitet durch eine Datenserviceeinrichtung. Ein gemeinsam erstellter Datenmanagementplan für das konkrete Datenvolumen und die Datentypen gibt ferner
Hinweise auf die benötigten Ressourcen und Mittel, die bei der drittmittelgebenden
Institution beantragt werden können (Kretzer und Diepenbroek 2018, S. 28 f.).

6 Sekundäranalyse und Forschungsethik

Sekundäranalysen unterliegen den *gleichen datenschutzrechtlichen und ethischen
Prinzipien*, wie sie allgemein für die Forschung gelten (RatSWD 2017a; von
Unger 2014). Ein verantwortungsbewusster Umgang mit den Daten ist auch
deshalb geboten, weil der Aufbau einer Vertrauensbeziehung in der qualitativen
Forschung eine grundlegende Rolle spielt, um einen Zugang zur Innenperspektive
der Forschungssubjekte zu erlangen.

Werden Angaben zu Personen in Forschungskontexten erhoben, verarbeitet
oder genutzt, sieht die *rechtliche* Seite im Wesentlichen zwei Prinzipien vor:
die informierte Einwilligung und die Anonymisierung bzw. Pseudonymisierung
(vgl. Bundesdatenschutzgesetz (BDSG) und Datenschutz-Grundverordnung
(DS-GVO)) – beides Prinzipien, die auch forschungsethisch in den entsprechenden Kodizes der Fachgesellschaften und Berufsverbänden aufgegriffen
werden (z. B. DGS/BDS 2017; DGfE 2010).

Für die Forschung bedeutet dies zum einen, dass die Teilnahme an einer
Untersuchung generell freiwillig und auf Grundlage einer Information über
den Zweck, Ziele und die Nutzung der Erhebung erfolgen sollte. Auch für die
Sekundäranalyse steht das Prinzip der *informierten Einwilligung* im Vorder-
grund, nämlich den „beforschten" Subjekten selbst (im Sinne des Rechts auf
informationelle Selbstbestimmung) die Entscheidung und die Kontrolle über
die Daten, in denen sie repräsentiert sind, zu überlassen. Das heißt, dass die
Sekundäranalyse – so wie die Erhebung und Primärauswertung – zuallererst auf
der Grundlage der Kenntnis, ausführlichen Information und Freiwilligkeit von-
seiten der Forschungssubjekte stattfinden sollte. Bei der Datenerhebung muss also
bereits die Möglichkeit der späteren Sekundäranalyse bedacht werden.

Vorschläge, wie diese Einwilligungen um die Einwilligung zur Sekundäranalyse ergänzt werden können, existieren bereits – hierzu weiter unten. Die Diskussion (nicht nur) um die Sekundäranalyse bringt jedoch zu Tage, dass bereits in
der Primärforschung die informierte Einwilligung unterschiedlich gehandhabt wird.
Denn angesichts der Vielfalt qualitativer Forschungsansätze hat dieses Prinzip unter-

schiedliche Bedeutung und birgt zum Teil Herausforderungen: Während etwa die Oral History ausdrücklich mit der Offenheit und häufig auch Offenlegung ihrer Interviewpartner*innen arbeitet, ist es für teilnehmende Beobachtungen im Kontext ethnografischer Forschung in der Regel nicht nur schlicht praktisch eine Schwierigkeit, vor bzw. in der Situation Einwilligungen von allen Beteiligten im Feld einzuholen; die zu beobachtende Alltagssituation wäre zudem gestört, wenn jedes Mal bei Eintritt neuer Personen in das Feld die Abläufe und Handlungen unterbrochen werden müssten (von Unger 2014, S. 26). Im Unterschied hierzu dürfte es für klassische interviewbasierte Studien ein Leichtes sein, vor Beginn des jeweiligen Interviews das Forschungsanliegen, die beabsichtigte Verarbeitung und Nutzung der erhobenen Daten ausführlich darzustellen, und sich das Einverständnis des Gegenübers entsprechend einzuholen. Doch auch hier gibt es Praktiken, die eher zum Übergehen ausführlicher Informationen zum Datenschutz und erst recht einer schriftlichen Einwilligung neigen, begründet durch die Vorstellung, solche „Formalia" liefen dem Aufbau einer Vertrauensbeziehung zuwider (Liebig et al 2014, S. 12; RatSWD 2017b, S. 23).

Der aktuelle Stand der Empfehlungen und Regelungen in den Sozial- sowie den Erziehungswissenschaften zeigt, dass – trotz dieser Besonderheiten mancher Forschungstraditionen – das *Prinzip* der informierten Einwilligung nicht aufgehoben wird. Wenn etwa die informierte Einwilligung nicht oder nicht zu Beginn der Erhebung stattfinden kann, wird darauf verwiesen, alternative oder nachträgliche Formen der informierten Einwilligung zu finden (DGS/BDS 2017, § 2, Abs. 3; DGfE 2010, § 4, Abs. 2; von Unger 2014, S. 26 f.). Lediglich in Ausnahmefällen ist auf diese zu verzichten, nämlich in denen die Beforschten nicht als einzelne Individuen, sondern als Teil eines Kollektivs an der Forschung (zumeist spezifische Situationen aus der ethnografischen Forschung, z. B. Beobachtung an öffentlichen Plätzen) teilnehmen; soll oder kann keine schriftliche Einwilligung eingeholt werden, können beispielsweise Audio-, Videoaufzeichnungen oder detaillierte Feldnotizen Alternativen sein (RatSWD 2017b, S. 23).

Gegen die Idee oder Befürchtung mancher qualitativer Forscher*innen, informierte Einwilligungen störten die beispielsweise im Interview aufzubauende Vertrauensbasis, erzeugten u. U. sogar erst Skepsis, könnte auch umgekehrt argumentiert werden: Spricht nicht gerade eine sorgfältig gestaltete Kontaktaufnahme, die eine ausführliche Darlegung der eigenen Forschungsabsichten und beabsichtigten Datenschutz- und Sorgfaltsmaßnahmen im Umgang mit den gegebenen persönlichen Daten umfasst, *für* eine Vertrauensgrundlage? (Liebig et al. 2014, S. 12).

Die informierte Einwilligung gilt zwar schon länger für die Primärforschung, doch sind die qualitative Sekundäranalyse und die Frage der Archivierung qualitativer Daten ein relatives Novum. Es ergeben sich somit neue Anforderungen für die Erhebung von Daten, sprich für die Primärforschung.

Vor diesem Hintergrund hat eine vom RatSWD eingesetzte Arbeitsgruppe (Liebig et al. 2014) die datenschutzrechtlichen Fragen für Erhebung und Archivierung zunächst für qualitative Interviewdaten neu geklärt und u. a. Musterformulare für Einwilligungserklärungen entwickelt, die Forschende für die Erhebungssituation nutzen können. Der Vorschlag der Arbeitsgruppe, eine mögliche Einwilligung in die Archivierung und Sekundäranalyse erst nach Ende der Untersuchungssituation zu besprechen, berücksichtigt v. a. den Umstand, dass die Beteiligten zu diesem Zeitpunkt besser die von sich preisgegebenen Informationen einschätzen können (Liebig et al. 2014, S. 12 f.).

Die im Rahmen dieser Arbeitsgruppe entwickelten Vorschläge berücksichtigen damit weitgehend auch die neuen rechtlichen Anforderungen der DS-GVO: Die explizite Trennung der Einwilligung in die Primärforschung von einer Einwilligung in eine weitere Nutzung bzw. Archivierung und Sekundärnutzung entspricht der Forderung, in Einwilligungserklärungen Opt-In – Opt-out-Möglichkeiten vorzusehen (Schaar 2017, S. 7 f.). Ferner sieht die DS-GVO einen Broad Consent, also eine mögliche Einwilligung auch für mehrere Zwecke vor (DS-GVO Art. 6, Abs. 1a) und damit verbunden die Einwilligung über das aktuelle Forschungsprojekt hinausgehende Forschungszwecke (Schaar 2017, S. 7). Allerdings weisen kritische Stimmen darauf hin, dass es sich auch beim Broad Consent nicht um Blanko-Einwilligungen in jegliche zukünftigen Forschungsprojekte handeln kann, sondern der Gesetzgeber die Einwilligung „für bestimmte Bereiche wissenschaftlicher Forschung" (DS-GVO Erwägungsgrund 33) vorsehe, somit die Forschungsbereiche hinreichend genau umschrieben werden sollten (Schaar 2017, S. 7 und 18 f.). Angesichts der noch bestehenden Unklarheit der Auslegung des Broad Consent sollten Forschungsprojekte – evtl. gemeinsam mit professionellen Datenzentren – entscheiden, wie „breit" oder „eng" Einwilligungserklärungen für Sekundärnutzungen zu formulieren sind. Im Zweifelsfall empfiehlt sich im Interesse der beforschten Subjekte die „enge" Variante. Besonderen Schutz verlangen hier sicherlich besonders sensible Daten[17]. Hier gilt es einzuschätzen, inwieweit sich (zusätzliche) Gefährdungspotenziale für die Teilnehmenden (oder in den Daten erwähnte Dritte) aus der

---

[17]Nach der DS-GVO fallen hierunter personenbezogene Daten, „aus denen die rassische und ethnische Herkunft, politische Meinungen, religiöse oder weltanschauliche Überzeugungen oder die Gewerkschaftszugehörigkeit hervorgehen, sowie die Verarbeitung von genetischen Daten, biometrischen Daten zur eindeutigen Identifizierung einer natürlichen Person, Gesundheitsdaten oder Daten zum Sexualleben oder der sexuellen Orientierung einer natürlichen Person" (dies. Art. 9, Abs. 1).

Archivierung und Sekundärnutzung ergeben könnten, z. B. durch staatliche Zugriffe im Rahmen der Strafverfolgung (vgl. Hollstein und Strübing 2018, S. 7). Zu den zu treffenden Vereinbarungen gehören Vertraulichkeitszusicherungen seitens der Forschenden, die auch die Anonymisierung beinhalten können. Die Praxis in der Oral History zeigt, dass die Anonymisierung keine zwingend notwendige Verfahrensweise ist. Aufgrund der Schwierigkeit, Zeitzeug*innen-Interviews zu anonymisieren (Leh 2000, 2013), sowie des Selbstverständnisses dieser Wissenschaftsdisziplin, „to give empowerment to hidden voices" (Thompson 2003, S. 357), stimmen Interviewte ausdrücklich in die wissenschaftliche Nutzung der unveränderten Originalinterviews ein. Ähnlich kommt es auch bei Expert*innen-Interviews oder in der partizipativen Forschung vor, dass die namentliche Nennung autorisiert wird (Liebig et al. 2014, S. 14 f.; von Unger 2014, S. 25).

Um einen größtmöglichen Schutz der Forschungssubjekte zu gewährleisten, liegt es allerdings üblicherweise nahe, in Ergänzung zur informierten Einwilligung eine *Anonymisierung* der erhobenen Daten im Primärforschungsprojekt, insbesondere jedoch vor der Weitergabe der Daten durchzuführen.[18] Für die qualitative Forschung und deren Daten ergibt sich hieraus ein Dilemma: Die Reichhaltigkeit qualitativer Daten an persönlichen Details zu den Lebensgeschichten und dem persönlichen Umfeld der Untersuchungspersonen oder die in vielen Fällen erleichterte Re-Identifizierung aufgrund eng begrenzter Populationen und kleiner Stichproben machen Maßnahmen wie die Anonymisierung notwendig; zugleich erschweren sie sie, weil ein Anonymisierungsgrad gefunden werden muss, der durch die Löschung oder Veränderung von Informationen die Nutzbarkeit der Daten für die wissenschaftliche Analyse nicht zerstört (Thomson et al. 2005).

Während die Anonymisierung daher auf der einen Seite – bzw. von einigen Forscher*innen – als unmögliches oder nur unter hohem Aufwand herstellbares Unterfangen kritisiert wird (Hirschauer 2014, S. 309; RatSWD

---

[18]Hier ist die faktische Anonymisierung gemeint, also Maßnahmen die dazu führen, dass die personenbezogenen Angaben in den Daten so weit reduziert oder verändert sind, dass die Daten nur mit einem unverhältnismäßig hohen bzw. unrealistischen Aufwand einer bestimmten Person zugeordnet werden können (Medjedovic und Witzel 2010, S. 75; Schaar 2017, S. 12). Die sog. formale Anonymisierung, sprich die Trennung direkter Identifizierungsmerkmale wie Kontaktdaten, Adressen von den Daten sollte so frühzeitig wie möglich nach der Erhebung erfolgen. Als absolut anonym können Daten betrachtet werden, die absolut keinen Personenbezug enthalten, somit über die Löschung z. B. von ganzen Interviewpassagen erreicht werden (vgl. Liebig et al. 2014, S. 13 ff.).

2017b, S. 20)[19], werden auf der anderen Seite konkrete Konzepte für die Anonymisierung vorgeschlagen, in der die personenbezogenen Daten entfernt und gleichzeitig durch geeignete Pseudonyme die relevanten fallbezogenen Kontextinformationen erhalten bleiben (z. B. Ersatz von „Audi" durch „Automobilhersteller" oder „Klara" durch „Vorname der Ehefrau")[20]; semi-automatische Anonymisierungstools können darüber hinaus helfen, den Aufwand zu reduzieren (Liebig et al. 2014, S. 14; Medjedović und Witzel 2010, S. 149–154 ff.). Selbstverständlich ist bei der Anonymisierung/Pseudonymisierung auch „der Schutz dritter, in den Interviews erwähnter Personen, zu berücksichtigen" (Kretzer 2013, S. 6).

Entgegen den Befürchtungen, die immer wieder von qualitativ Forschenden forschungsethisch geäußert werden, sobald es um ein institutionalisiertes Data Sharing geht, praktizieren Datenarchive bzw. Datenzentren keineswegs eine „unkontrollierbare Öffnung [...] für unbekannte Dritte" (Hirschauer 2014, S. 309 f.). Weitere restriktive Maßnahmen werden unternommen, so z. B. die absolute Anonymisierung bei besonders sensiblen Daten (durch Löschen von Daten oder kritischen Passagen), das ausschließliche (offline-) Arbeiten vor Ort mit den Daten, die vertragliche Verpflichtung der Sekundärforscher*innen auf unterschiedliche forschungsethische Standards im Umgang mit den Daten (z. B. Nicht-Veröffentlichung komp-letter Interviews) (Liebig et al. 2014, S. 15), die aber ohnehin im Rahmen guter forschungsethischer Praxis generell für Forschungshandeln gelten.

Forscher*innen haben immer – egal ob im Primärprojekt oder bei der Sekundäranalyse – eine Verantwortung gegenüber denjenigen, die sie zum

---

[19]Die neue DS-GVO gibt diesem Einwand insofern Recht, da auch sie in der Regel von pseudonymisierten Daten ausgeht. Nur gilt der hier vorgebrachte Einwand gegen die Archivierung bzw. Sekundärnutzung auch für die Praxis in der Primärforschung. Auch hier werden Anonymisierungen zugesagt.

[20]Pseudonymisierte Daten sind im rechtlichen Sinne grundsätzlich personenbeziehbare Daten, da bzw. solange sie „durch Heranziehung zusätzlicher Informationen einer natürlichen Person zugeordnet werden könnten" (DS-GVO Erwägungsgrund 26, Satz 2). Diese zusätzlichen Informationen können sich aus dem Umstand ergeben, dass Pseudonymisierungen in Form von Referenzlisten dokumentiert werden. Datenzentren schützen derartige Listen mit Zuordnungsmerkmalen gesondert, u. a. durch eine strikt getrennte Aufbewahrung (Treuhändermodell möglich). „Für den Inhaber der Liste mit Identifikationsmerkmalen handelt es sich um personenbezogene Daten, für einen Dritten jedoch nicht." (Liebig et al. 2014, S. 16).

„Objekt" der Forschung erklären. Durch den persönlichen Kontakt fühlen sie sich möglicherweise in einer herausgehobenen Stellung gegenüber ihren „Schützlingen", sodass die (zentrale) Archivierung bzw. Sekundäranalysen durch Dritte als Einfallstor für Missbrauch der zugesagten Vertraulichkeit empfunden werden können (Medjedović 2007; Richardson und Godfrey 2003). Deshalb ist der beschriebene erreichte ethische und datenschutzrechtliche methodologische Qualitätsstandard der Sekundäranalyse so wichtig.

Ob Beforschte tatsächlich die Sorgen einer „Vorratsdatenspeicherung" mit der Archivierung verbinden und in der Folge die qualitative Forschung mit einem allgemeinen Rückgang der Teilnahmebereitschaft rechnen muss (Hirschauer 2014, S. 309), ist vielleicht selbst eine empirische Fragestellung. Der RatSWD (2015, S. 6) sieht hier einen besonderen Forschungs-bedarf. Erst einzelne Studien weisen darauf hin, dass Beforschte die Unter-suchungssituation – auch bei stärker sensiblen Themen aus der eigenen Lebensgeschichte – als weniger privat und intim betrachten, als Forscher*innen dies aus ihrer Perspektive meinen wahrzunehmen. Beforschte scheinen sich des institutionellen Charakters der Untersuchungssituation durchaus bewusst zu sein und erwarteten vielmehr, dass die Wissenschaft die freiwillig und zeitraubend gegebenen Informationen auch nutzt (Kuula 2010/2011, S. 15 f.).

Schließlich tangiert der forschungsethische Aspekt die Wahrung der Interessen derer, die die Daten erhoben haben (Medjedović 2007). Tatsächlich ist für Deutschland die Frage des geistigen Eigentums an Forschungsdaten nicht geklärt (Liebig et al. 2014, S. 18; RatSWD 2015, S. 8). Für die Sekundäranalyse sind damit wichtige Fragen tangiert wie: Wer darf über die Nutzungsrechte entscheiden – die Projektleitung, die im Team beteiligten Forscher*innen und/oder sogar die drittmittelgebende Instanz? Haben andere (konkurrierende) Forscher*innen womöglich sogar ein Recht auf Nutzung der Daten für Sekundär oder Reanalysen? Wie sieht eine angemessene Kompensation bzw. Zitation der Primärforscher*innen aus (RatSWD 2015, S. 6 f.)? Wie können die in der Untersuchung beteiligten Forscher*innen in ihren Persönlichkeitsrechten geschützt werden, da auch diese u. U. in der Feldinteraktion persönliche Informationen preisgeben (Parry und Mauthner 2004)?

Vor dem Hintergrund der bislang geführten Kontroversen und der Sensibilität dieser forschungsethischen Fragen für die Primärforscher*innen sollten Sekundäranalysen unter den Bedingungen stattfinden, dass nicht nur die beforschten Subjekte, sondern auch die forschenden einwilligen und ihr

„*Urheberrecht*" an den Daten in angemessener Weise berücksichtigt wird (z. B. Verweis auf die Datenquelle bei Publikationen[21], Regelungen der Autor*innenschaft).

7   Zum Schluss – ein Resümee

Die Analyse hat gezeigt, dass die Sekundärnutzung für die qualitative Forschung, Lehre und Ausbildung viel Potenzial bietet. Einige beispielhafte Anwendungen der qualitativen Sekundäranalyse sowie Nutzungsanalysen etablierter Datenzentren im europäischen Ausland belegen dies. Gleichzeitig hat die Analyse erbracht, dass nur unter Beachtung der Besonderheit qualitativer Daten diese Potenziale zu bergen sind. Für ein entsprechendes Forschungsdatenmanagement ergeben sich spezifische Anforderungen und zwar v. a. im Hinblick auf die sog. Kontextsensitivität sowie den forschungsethischen und datenschutzrechtlichen Umgang mit den Daten.

Aufgrund der besonderen Kontextsensitivität qualitativer Daten kann nicht davon ausgegangen werden, dass der Originalkontext, den die Primärforschenden hatten, wiederhergestellt werden kann – auch der Gedanke einer Reanalyse im Sinne einer Replizierbarkeit muss abgewiesen werden. Alternative Wege der Kontextualisierung, die eine intersubjektive Nachvollziehbarkeit und Sekundäranalysen ermöglichen, sind dagegen möglich. Dafür sind Informationen auf den verschiedenen beschriebenen Ebenen des Erhebungs- und Forschungskontextes zugänglich zu machen. Datenzentren haben hierfür Leitfäden und Standards entwickelt, an denen sich orientiert werden kann und sollte.

Forschungsethische Argumente sprechen einerseits für ein Data Sharing. Denn auf bereits erhobene Daten zurückgreifen zu können, nimmt Rücksicht auf Teilnehmende und schützt sie vor den Anstrengungen einer erneuten Teilnahme. Dies gilt insbesondere für sensible Forschungsthemen oder besonders vulnerable Populationen. Andererseits ist gerade auch in letztgenannten Fällen – sowohl forschungsethisch als auch datenschutzrechtlich – ein verantwortungsbewusster und besonders sensibler Umgang mit den Daten angebracht.

In dieser Hinsicht sollten zuallererst die beforschten Subjekte selbst auf der Grundlage einer ausführlichen Information über eine mögliche Nutzung der

---

[21]Datenzentren vergeben sog. Digital Object Identfitier (DOIs), die eine verlässliche Identifikation und Zitation der Daten oder Datensätze ermöglichen.

Daten über das Primärforschungsprojekt hinaus entscheiden. Ein entsprechender informed consent ist dabei unabhängig (als Opt-in – Opt-out-Möglichkeit) von der Einwilligung in die Primärforschung einzuholen und möglichst auf bestimmte Forschungsbereiche zu spezifizieren.

Weitere Maßnahmen umfassen regelhaft die Anonymisierung bzw. Pseudonymisierung von Daten und je nach „Schutzbedarf" bzw. Sensibilität der Daten stärker kontrollierte Zugänge bis hin zum ausschließlichen (offline-) Arbeiten vor Ort, vertragliche Verpflichtungen der Sekundärnutzenden auf die Einhaltung bestimmter ethischer Standards oder auch die absolute Anonymisierung von Datenausschnitten.

Auch hier haben Datenzentren Vorschläge und Instrumente entwickelt, die die flexible und ggf. auch aufwendigere Ausgestaltung je nach Daten bzw. Datensatz berücksichtigen, aber auch erfordern. Denn inwieweit sich welche Gefährdungspotenziale für die Teilnehmenden oder in den Daten erwähnte Dritte aus der Archivierung ergeben könnten, ist jeweils für die spezifischen Daten einzuschätzen. Im Zweifelsfall geht der Schutz der beforschten Subjekte vor, was in manchen Fällen sicherlich eine Entscheidung gegen Archivierung und Sekundärnutzung rechtfertigt. Für die anderen Fälle empfiehlt es sich die Expertise von Datenzentren für ein Forschungsdatenmanagement zu nutzen. Diese können Primärforschungsprojekte während des Forschungsprozesses beratend begleiten und nach Projektende die Daten für eine wissenschaftliche Nachnutzung zugänglich machen. Ein erster beratender Schritt wäre beispielsweise, gemeinsam einen Datenmanagementplan für das konkrete Datenvolumen und die Datentypen zu erstellen – nicht zuletzt, um den benötigten zusätzlichen Bedarf an Geld, Personal und Zeit für ein entsprechendes Datenmanagement zu kalkulieren und bei der drittmittelgebenden Institution zu beantragen.

Literatur

Bambey, D., Meyermann, A., Porzelt, M. & Rittberger, M. (2018). Bereitstellung und Nachnutzung qualitativer Daten in der Bildungsforschung. Das Forschungsdatenzentrum (FDZ) Bildung am DIPF. *RatSWD Working Paper, 267,* 59–67. www.ratswd.de/dl/RatSWD_WP_267.pdf. (Abruf 1.6.2019).

Bergman, M. M. & Eberle, T. S. (Hrsg.) (2005). Qualitative Forschung, Archivierung, Sekundärnutzung: Eine Bestandsaufnahme. *Forum Qualitative Sozialforschung,* http://www.qualitative-research.net/index.php/fqs/issue/view/12. Zugegriffen: 13. Juli 2015.

Bishop, L. (2006). A proposal for archiving context for secondary analysis. *Methodological Innovations Online, 1,* 10–20. www.esds.ac.uk/news/publications/MI-OBishop-S.10-20.pdf. Zugegriffen: 13. Juli 2015.

Bishop, L. (2012). A reflexive account of reusing qualitative data: Beyond primary/ secondary dualism. In J. Goodwin (Hrsg.), *SAGE secondary data analysis* (S. 141–162). Los Angeles: Sage.

Bishop, L. & Kuula-Luumi, A. (2017). Revisiting Qualitative Data Reuse: A Decade On. *SAGE Open*. http://journals.sagepub.com/doi/10.1177/2158244016685136. Zugegriffen: 08. Okt. 2018.

Burstein, L. (1978). Secondary analysis: an important resource for educational research and evaluation. *Educational Researcher, 7*(5), 9–12.

Corti, L. (2018). 20 years of archiving and sharing qualitative data in the UK. *RatSWD Working Paper, 267*, 14–25. www.ratswd.de/dl/RatSWD_WP_267.pdf. Zugegriffen: 1. Juni 2019.

Corti, L., Witzel, A., & Bishop, L. (Hrsg.): (2005). Sekundäranalyse qualitativer Daten. In: *Forum Qualitative Sozialforschung 6(1)*, www.qualitative-research.net/index.php/fqs/ issue/view/13: Zugegriffen 08. Juli 2019.

Corti, L., Kluge, S., Mruck, K., & Opitz, D. (Hrsg.) (2000). Text. Archiv. Re-analyse. *Forum Qualitative Sozialforschung 1*. www.qualitative-research.net/index.php/fqs/issue/ view/27: Zugegriffen: 13. Juli 2015.

Dale, A., Arber, S., & Procter, M. (1988). *Doing secondary analysis*. London: Unwin Hyman.

Denzin, N. K. (1977). *The Research Act. A Theoretical Introduction to Sociological Methods*. New York: McGraw-Hill.

Deutsche Forschungsgemeinschaft, DFG. (1998). *Vorschläge zur Sicherung guter wissenschaftlicher Praxis. Empfehlungen der Kommission „Selbstkontrolle in der Wissenschaft". Denkschrift der DFG*. Weinheim: Wiley-Vch.

Deutsche Forschungsgemeinschaft, D. F. G. (2013). *Sicherung guter wissenschaftlicher Praxis. Denkschrift der DFG*. Weinheim: Wiley-Vch.

Deutsche Forschungsgemeinschaft, DFG (2017). Replizierbarkeit von Forschungsergebnisse. Eine Stellungnahme der Deutschen Forschungsgemeinschaft. https://www.dfg. de/download/pdf/dfg_im_profil/reden_stellungnah- men/2017/170425_stellungnahme_ replizierbarkeit_forschungsergebnisse_de.pdf. Zugegriffen: 17. Juni 2019.

DGS/BDS. (2017). Ethik-Kodex der Deutschen Gesellschaft für Soziologie (DGS) und des Berufsverbands Deutscher Soziologinnen und Soziologen (BDS). www.soziologie.de/fileadmin/user_upload/DGS_Redaktion_BE_FM/DGSallgemein/Ethik-Kodex_2017-06-10.pdf. Zugegriffen: 01. Sept. 2017.

DGfE. (2010). Ethik-Rat und Ethikkodex der DGfE. https://www.dgfe.de/service/ethik-rat-ethikkodex.html. Zugegriffen: 17. Juni 2019.

Donnellan, M. B., Trzesniewski, K. H., & Lucas, R. E. (2011). Introduction. In K. H. Trzesniewski, M. B. Donnellan, & R. E. Lucas (Hrsg.), *Secondary data analysis. An introduction for psychologists* (S. 3–10). Washington, DC: American Psychological Association.

Elder, G. H. (1974). *Children of the great depression. Social change in life experience*. Chicago: University of Chicago.

Elder, G. H., Pavalko, E. K., & Clipp, E. C. (Hrsg.). (1993). *Working with archival data*. Newbury Park: Sage.

Ferrell, B. R., Grant, M., Dean, G. E., Funk, B., & Ly, J. (1996). "Bone tired": The experience of fatigue and its impact on quality of life. *Oncology Nursing Forum, 23*(10), 1539–1547.

Fielding, N. (2004). Getting the most from archived qualitative data: Epistemological, practical and professional obstacles. *International Journal of Social Research Methodology, 7,* 97–104.

Fielding, N. G., & Fielding, J. L. (2000). Resistance and adaptation to criminal identity: Using secondary analysis to evaluate classic studies of crime and deviance. *Sociology, 3,* 671–689.

Flick, U. (2011). *Triangulation. Eine Einführung.* Wiesbaden: VS.

Flick, U. (2018). Gütekriterien. In L. Akremi, N. Baur, H. Knoblauch, & B. Traue (Hrsg.), *Handbuch Interpretativ forschen* (S. 183–202). Weinheim: Beltz Juventa.

Friedrichs, J. (1983). *Methoden empirischer Sozialforschung.* Opladen: Westdeutscher Verlag.

Garfinkel, H. (1973). Das Alltagswissen über soziale und innerhalb sozialer Strukturen. In: Arbeitsgruppe Bielefelder Soziologen (Hrsg.): *Alltagswissen, Interaktion und gesellschaftliche Wirklichkeit* (S. 189–262). Reinbek: Rowohlt.

Glaser, B. G. (1962). Secondary analysis: A strategy for the use of knowledge from research elsewhere. *Social Problems, 10,* 70–74.

Glaser, B. G. (1963). Retreading research materials: The use of secondary analysis by the independent researcher. *The American Behavorial Scientist, 4,* 11–14.

Gläser, J. & Laudel, G. (2000). Re-Analyse als Vergleich von Konstruktionsleistungen. *Forum Qualitative Sozialforschung, 1,* Art. 25. http://nbn-resolving.de/urn:nbn:de:0114-fqs0003257 Zugegriffen: 07. März 2006.

Glueck, S., & Glueck, E. (1951). Unraveling juvenile delinquency. *Juvenile Court Judges Journal, 2*(3), 32–34.

Glueck, S., & Glueck, E. T. (1968). *Delinquents and nondelinquents in perspective.* Harvard University Press.

Goodwin, J. (Hrsg.), (2012). *SAGE secondary data analysis.* Los Angeles: Sage.

Goodwin, C., & Duranti, A. (1992). Rethinking context: An introduction. In A. Duranti & C. Goodwin (Hrsg.), *Rethinking context: Language as an interactive phenomenon* (S. 1–42). Cambridge: Cambridge University Press.

Hakim, C. (1982). *Secondary analysis in social research. A guide to data sources and methods with examples.* London: George Allen & Unwin.

Hammersley, M. (1997). Qualitative data archiving: Some reflections on its prospects and problems. *Sociology, 31,* 131–142.

Hammersley, M. (2012). Can we re-use qualitative data via secondary analysis? Notes on some terminological and substantive issues. In J. Goodwin (Hrsg.), *SAGE secondary data analysis* (S. 107–119). Los Angeles: Sage.

Heaton, J. (2004). *Reworking qualitative data.* London: Sage.

Heaton, J. (2008). Secondary analysis of qualitative data. An overview. *Historical Social Research, 33,* 33–45.

Hinds, P., Vogel, R. & Clark-Steffen, L. (1997). The possibilities and pitfalls of doing a secondary analysis of a qualitative data set. *Qualitative Health Research, 7,* 408–424.

Hirschauer, S. (2014). Sinn im Archiv? Zum Verhältnis von Nutzen, Kosten und Risiken der Datenarchivierung. *Soziologie, 43,* 300–312.

Hollstein, B. & Strübing, J. (2018). Archivierung und Zugang zu qualitativen Daten. *RatSWD Working Paper, 267,* 1–12. www.ratswd.de/dl/RatSWD_WP_267.pdf. Zugegriffen: 01. Juni 2019.

Holstein, J. A., & Gubrium, J. F. (2004). Context: Working it up, down, and across. In C. Seale, G. Gombo, J. F. Gubrium, & D. Silverman (Hrsg.), *Qualitative research practice* (S. 297–311). London: Sage.

Hyman, H. H. (1972). *Secondary analysis of sample surveys: Principles, procedures, and potentialities.* New York: Wiley.

James, J. B.& Sørensen, A. (2000). Archiving longitudinal data for future research: why qualitative data add to studys usefulness. *Forum Qualitative Sozialforschung, 1*(3), Art. 23. http://www.qualitative-research.net/fqs-texte/3-00/3-00jamessorensen-e.htm. Zugegriffen: 03. Juli 2007.

Janneck, M. (2008). Auf verschlungenen Forschungspfaden: Erfahrungen mit der Sekundärnutzung qualitativer Interviewdaten in induktiven, deduktiven und Triangulationsverfahren. *Historical Social Research, 33*(3), 94–114.

Klingemann, H. D. & Mochmann, E. (1975). Sekundäranalyse. In: J. von Koolwjik & M. Wieken- Mayser (Hrsg.), *Techniken der Empirischen Sozialforschung: ein Lehrbuch in 8 Bänden* (S. 178–194). München: Oldenbourg.

König, H.-D. (1997). Berufliche „Normalbiographie" und jugendlicher Rechtsextremismus. Kritik der Heitmeyerschen Desintegrationstheorie aufgrund einer tiefenhermeneutischen Sekundäranalyse. *Zeitschrift für Politische Psychologie, 5,* 381–402.

Kretzer, S. (2013). Infrastruktur für qualitative Forschungsprimärdaten – Zum Stand des Aufbaus eines Datenmanagementsystems von Qualiservice. In D. Huschka, H. Knoblauch, C. Oellers, & H. Solga (Hrsg.), *Forschungsinfrastrukturen für die qualitative Sozialforschung* (S. 93–110). Berlin: Scivero.

Kretzer, S. & Diepenbroek, M. (2018). Flexible Strategien für eine forschungsfreundliche Archivierung und Nachnutzung qualitativer Forschungsdaten. *RatSWD Working Paper, 267,* 26–35. www.ratswd.de/dl/RatSWD_WP_267.pdf. Zugegriffen: 01. Juni 2019.

Kuula, A. (2010/2011). Methodological and ethical dilemmas of archiving qualitative data. *IASSIST Quarterly, 34/35,* 12–17. www.iassistdata.org/sites/de-fault/files/iqvol34_35_kuula.pdf. Zugegriffen: 01. Sept. 2017.

Laub, J. H., & Sampson, R. J. (1998). Integrating quantitative and qualitative data. In J. Z. Giele & G. H. Elder Jr. (Hrsg.), *Methods of life course research* (S. 213–230). Thousand Oaks: Sage.

Laub, J. H., & Sampson, R. J. (2003). *Shared beginnings, divergent lives. Delinquent boys to age 70.* Cambridge: Harvard University Press.

Leh, A. (2000). Probleme der Archivierung von Oral History-Interviews. Das Beispiel des Archivs „Deutsches Gedächtnis". *Forum Qualitative Sozialforschung, 1,* Art. 8. http://nbn-resolving.de/urn:nbn:de:0114-fqs000384. Zugegriffen: 01. Sept. 2017.

Leh, A. (2013). Das Archiv „Deutsches Gedächtnis" und seine Bestände: Herkunft – Erschließung – Nutzung. In D. Huschka, H. Knoblauch, C. Oellers, & H. Solga (Hrsg.), *Forschungsinfrastrukturen für die qualitative Sozialforschung* (S. 127–136). Berlin: Scivero.

Liebig, S., Gebel, T., Grenzer, M., Kreusch, J., Schuster, H., Tscherwinka, R., Watteler, O. & Witzel, A. (2014). Datenschutzrechtliche Anforderungen bei der Generierung und

Archivierung qualitativer Interviewdaten. *RatSWD Working Paper,* 238. www.ratswd. de/dl/RatSWD_WP_238.pdf. Zugegriffen: 13. Juli 2015.

Mauthner, N. S., Parry, O., & Backett-Milburn, K. (1998). The data are out there, or are they? Implications for archiving and revisiting qualitative data. *Sociology, 32,* 733–745.

Medjedović, I. (2007). Sekundäranalyse qualitativer Interviewdaten. Problemkreise und offene Fragen einer neuen Forschungsstrategie. *Journal für Psychologie, 15.* http:// www.journal-fuer-psychologie.de/index.php/jfp/article/view/188/251. Zugegriffen: 13. Juli 2015.

Medjedović, I. (2014). *Qualitative Sekundäranalyse. Zum Potenzial einer neuen Forschungsstrategie in der empirischen Sozialforschung.* Wiesbaden: Springer VS.

Medjedović, I. (2018). Sekundäranalyse. In L. Akremi, N. Baur, H. Knoblauch, & B. Traue (Hrsg.), *Handbuch Interpretativ forschen* (S. 108–132). Weinheim: Beltz Juventa.

Medjedović, I. (2019). Qualitative Daten für die Sekundäranalyse. In N. Baur & J. Blasius (Hrsg.), *Handbuch Methoden der empirischen Sozialforschung* (S. 247–258). Wiesbaden: Springer VS.

Medjedović, I. & Witzel, A. (2005). Sekundäranalyse qualitativer Interviews. Verwendung von Kodierungen der Primärstudie am Beispiel einer Untersuchung des Arbeitsprozesswissens junger Facharbeiter. *Forum Qualitative Sozialforschung, 6,* Art. 46. http://nbn-resolving.de/urn:nbn:de:0114-fqs0501462. Zugegriffen: 18. Aug. 2017.

Medjedović, I., & Witzel, A. (2010). *Wiederverwendung qualitativer Daten. Archivierung und Sekundärnutzung qualitativer Interviewtranskripte.* Wiesbaden: VS.

Mochmann, E. (2019). Quantitative Daten für die Sekundäranalyse. In N. Baur & J. Blasius (Hrsg.), *Handbuch Methoden der empirischen Sozialforschung* (S. 259–270). Wiesbaden: Springer VS.

Moore, N. (2006). The contexts of context: Broadening perspectives in the (re)use of qualitative data. *Methodological Innovations Online, 1,* 21–32. www.esds.ac.uk/news/publications/MIOMoore-S.21-32.pdf. Zugegriffen: 13. Juli 2015.

Neale, B. & Bishop, L. (2010/2011). Qualitative and qualitative longitudinal resources in Europe: Mapping the field and exploring strategies for Development. *IASSIST Quarterly,* 34/35. www.iassistdata.org/sites/default/files/iq/iqvol34_35_neale.pdf. Zugegriffen: 13. Juli 2015.

Opitz, D. & Mauer, R. (2005). Erfahrungen mit der Sekundärnutzung von qualitativem Datenmaterial – Erste Ergebnisse einer schriftlichen Befragung im Rahmen der Machbarkeitsstudie zur Archivierung und Sekundärnutzung qualitativer Interviewdaten. *Forum Qualitative Sozialforschung, 6,* Art. 43. http://nbn-resolving.de/urn:nbn:de:0114-fqs0501431. Zugegriffen: 13. Juli 2015.

Parry, O., & Mauthner, N. S. (2004). Whose Data Are They Anyway? Practical, Legal and Ethical Issues in Archiving Qualitative Research Data. *Sociology, 38,* 139–152.

Procter, M. (1993). Analysing other researchers data. In N. Gilbert (Hrsg.), *Researching Social Life* (S. 255–269). London: Sage Publications.

Rat für Sozial- und WirtschaftsDaten, RatSWD (Hrsg.) (2011). *Auf Erfolgen aufbauend. Zur Weiterentwicklung der Forschungsinfrastruktur für die Sozial-, Verhaltens- und Wirtschaftswissenschaften. Empfehlungen des Rates für Sozial- und Wirtschaftsdaten (RatSWD).* Opladen und Farmington Hills: Budrich UniPress Ltd.

Rat für Sozial- und WirtschaftsDaten, RatSWD (2015). Stellungnahme des RatSWD zur Archivierung und Sekundärnutzung von Daten der qualitativen Sozialforschung. Berlin:

RatSWD. www.ratswd.de/dl/RatSWD_Stellungnahme_QualiDaten.pdf. Zugegriffen: 13. Juli 2015.

Rat für Sozial- und WirtschaftsDaten, RatSWD (2017a). Handreichung Datenschutz. *RatSWD*, 5. Berlin: Rat SWD. www.ratswd.de/dl/RatSWD_Output5_HandreichungDatenschutz.pdf. Zugegriffen: 01. Sept. 2017.

Rat für Sozial- und WirtschaftsDaten, RatSWD (2017b). Forschungsethische Grundsätze und Prüfverfahren in den Sozial- und Wirtschaftswissenschaften. *RatSWD*, 9. Berlin: Rat SWD. https://doi.org/10.17620/02671.1. Zugegriffen: 01. Sept. 2017.

Reichertz, J. (2007). Qualitative Sozialforschung – Ansprüche, Prämissen, Probleme. *Erwägen – Wissen – Ethik, 18*, 195–208.

Richardson, J. C., & Godfrey, B. S. (2003). Towards ethical practice in the use of archived trancripted interviews. *International Journal of Social Research Methodology, 6*, 347–355.

Savage, M. (2008). Changing social class identities in post-war Britain: Perspective from mass-observation. *Historical Social Research, 33*(3), 46–67.

Schaar, K. (2017). Die informierte Einwilligung als Voraussetzung für die (Nach-)nutzung von Forschungsdaten. Beitrag zur Standardisierung von Einwilligungserklärungen im Forschungsbereich unter Einbeziehung der Vorgaben der DS-GVO und Ethikvorgaben. *RatSWD Working Paper, 264*. https://www.ratswd.de/dl/RatSWD_WP_264.pdf. Zugegriffen: 01. Juni 2019.

Scheuch, E. K. (1967). Entwicklungsrichtungen bei der Analyse sozialwissenschaftlicher Daten. In R. König (Hrsg.), *Handbuch der Empirischen Sozialforschung* (S. 655–685). Stuttgart: Enke.

Schnell, R., Hill, P. B., & Esser, E. (2005). *Methoden der empirischen Sozialforschung*. München: Oldenbourg.

Steinke, I. (1999). *Kriterien qualitativer Forschung. Ansätze zur Bewertung qualitativ-empirischer Sozialforschung*. Weinheim: Juventa.

Steinke, I. (2005). Gütekriterien qualitativer Forschung. In U. Flick, E. von Kardorff, & I. Steinke (Hrsg.), *Qualitative Forschung. Ein Handbuch* (S. 319–331). Reinbek: Rowohlt.

Stiefel, B. (2007). Der Einsatz archivierter Forschungsdaten in der qualitativen Methodenausbildung – Konzept und Evaluation eines Pilotmodells für forschungsnahes Lernen. *Forum Qualitative Sozialforschung, 8*, Art. 15. http://nbn-resolving.de/urn:nbn:de:0114-fqs0703152. Zugegriffen: 13. Juli 2015.

Szabo, V., & Strang, V. R. (1997). Secondary analysis of qualitative data. *Advances in Nursing Science, 20*, 66–74.

Thompson, P. (2003). Towards ethical practice in the use of archived transcribed interviews: a response. *International Journal of Social Research Methodology, 6*, 357–360.

Thomson, D., Bzdel, L., Golden-Biddle, K., Reay, T. & Estabrooks, C. A. (2005). Central questions of anonymization: A case study of secondary use of qualitative data. *Forum Qualitative Sozialforschung, 6*, Art. 29. http://nbn-resolving.de/urn:nbn:de:0114-fqs0501297. Zugegriffen: 13. Juli 2015.

Thorne, S. (1994). Secondary analysis in qualitative research: Issues and implications. In J. M. Morse (Hrsg.), *Critical issues in qualitative research methods* (S. 263–279). London: Sage.

Valles, M., Corti, L., Tamboukou, M. & Baer, A. (Hrsg.) (2011). Qualitative archives and biographical research methods. In *Forum Qualitative Sozialforschung*, Bd. 12. www. qualitative-research.net/index.php/fqs/issue/view/38. Zugegriffen: 13. Juli 2015.

Van den Berg, H. (2005). Reanalyzing qualitative interviews from different angles: The risk of decontextualization and other problems of sharing qualitative data. *Forum Qualitative Sozialforschung, 6,* Art. 30. http://nbn-resolving.de/urn:nbn:de:0114-fqs0501305. Zugegriffen: 13. Juli 2015.

Van den Berg, H., Wetherell, M., & Houtkoop-Steenstra, H. (2003). *Analyzing race talk. Multidisciplinary approaches to the interview*. Cambridge: Cambridge University Press.

Von Unger, H. (2014). Forschungsethik in der qualitativen Forschung: Grundsätze, Debatten und offene Fragen. In: H. von Unger, P. Narimani, & R. M'Bayo (Hrsg.), *Forschungsethik in der qualitativen Forschung. Reflexivität, Perspektiven, Positionen* (S. 15–39). Wiesbaden: Springer VS.

Wienold, H. (2007). Sekundäranalyse. In W. Fuchs-Heinritz, R. Lautmann, O. Rammstedt, & H. Wienold (Hrsg.), *Lexikon zur Soziologie* (S. 581–582). Wiesbaden: VS Verlag.

Wilson, T. P. (1973). Theorien der Interaktion und Modelle soziologischer Erklärung. In: Arbeitsgruppe Bielefelder Soziologen (Hrsg.), *Alltagswissen, Interaktion und gesellschaftliche Wirklichkeit* (S. 54–79). Reinbek: Rowohlt.

Witzel, A. (2000). Das problemzentrierte Interview. *Forum Qualitative Sozialforschung, 1,* Art. 22. http://nbn-resol-ving.de/urn:nbn:de:0114-fqs0001228. Zugegriffen: 17. Juli 2015.

Witzel, A., Medjedović, I. & Kretzer, S. (Hrsg.) (2008). Sekundäranalyse qualitativer Daten. *Historical Social Research, 33*.

Witzel, A., & Reiter, H. (2012). *The problem-centred interview. Principles and practice*. London: Sage.

Dr. Irena Medjedović ist Professorin für Soziale Arbeit an der Hochschule für Angewandte Wissenschaften Hamburg. Sie lehrt und forscht zu Sozialgerontologie/Soziale Arbeit mit älteren Menschen, Methoden Sozialer Arbeit und zu Qualitativer Sozialforschung.

Management, Archivierung und Sekundärnutzung qualitativer Forschungsdaten zu sexueller Gewalt

Eine Einschätzung aus forschungsethischer Perspektive

Hella von Unger

1 Zusammenfassung

Dieser Beitrag diskutiert ausgewählte Aspekte des Managements qualitativer Forschungsdaten aus forschungsethischer Perspektive. Dabei liegt ein Schwerpunkt auf dem Für und Wider einer digitalen Archivierung und Sekundärnutzung von qualitativen Daten im Kontext sozial- wissenschaftlicher Forschung zu sexualisierter Gewalt. Zunächst werden einige Vorbemerkungen zum Management qualitativer Daten formuliert und die aktuelle Fachdebatte zu der Bereitstellung und Nachnutzung qualitativer Forschungsdaten kurz skizziert. Darauf aufbauend werden a) die eingenommene Perspektive forschungsethischer Reflexivität vorgestellt und b) Fragen der Daten-Archivierung und Nachnutzung im Hinblick auf zentrale forschungsethische Grundsätze diskutiert.[1]

---

[1]Dieser Text greift teilweise auf Argumente zurück, die an anderer Stelle bereits allgemeiner – nicht bezogen auf Daten zu sexueller Gewalt – formuliert wurden (von Unger 2018a).

H. von Unger (✉)
Ludwig-Maximilians-Universität München, München, Deutschland
E-Mail: unger@lmu.de

© Springer Fachmedien Wiesbaden GmbH, ein Teil von Springer Nature 2020
M. Wazlawik und B. Christmann (Hrsg.), *Forschungsdatenmanagement und Sekundärnutzung qualitativer Forschungsdaten,* Sexuelle Gewalt und Pädagogik 6, https://doi.org/10.1007/978-3-658-30047-0_3

Der Kontext und Gegenstand der Forschung prägen diese Diskussion auf spezifische Weise. Es ist davon auszugehen, dass qualitative Daten zu sexueller Gewalt[2] nicht nur sensible Inhalte, sondern in vielen Fällen auch starke Personenbezüge, einen hohen Detaillierungsgrad und damit insgesamt ein hohes Schädigungspotenzial aufweisen. Die Archivierung und Nachnutzung dieser Daten könnte einerseits Ressourcen und Forschungsfelder schonen, aber andererseits auch zusätzliche Risiken mit sich bringen – und sich negativ auf Primärforschungsprozesse auswirken. So könnte beispielsweise die Form der informierten Einwilligung, die für eine Archivierung notwendig wäre, die Vertrauensbeziehung zwischen Forschenden und Teilnehmenden unterminieren.

Allerdings muss zwischen verschiedenen Datensorten und Studienkontexten differenziert werden: Öffentlich zugängliche Dokumente, wie Medienberichte und frei im Internet verfügbare Daten, die beispielsweise im Rahmen einer Diskursanalyse ausgewertet werden, lassen sich archivieren und für Sekundäranalysen nutzen, ohne dass damit zusätzliche Risiken einhergehen, die über die im Alltag bestehenden Risiken hinausgehen. Bei interaktiv zu Forschungszwecken erzeugten qualitativen Daten (z. B. Feldnotizen, Beobachtungsprotokollen, qualitativen Interviews, Gruppendiskussionen, Tagebuchaufzeichnungen, Videografien, etc.) lassen sich jedoch zusätzliche Risiken antizipieren. Risiken bestehen in erster Linie für Studienteilnehmer*innen, die als besonders vulnerabel und schutzbedürftig gelten können (z. B. Kinder und Jugendliche, sowie volljährige Opfer von sexueller Gewalt), aber auch für die beteiligten Forscher*innen.

Die Abwägung möglicher Risiken gegenüber einem möglichen Nutzen der Archivierung und Nachnutzung enthält zum aktuellen Zeitpunkt vielfältige Unwägbarkeiten und offene Fragen. Für viele Forschungssituationen und -daten zum Thema sexualisierte Gewalt scheinen die Risiken gegenüber einem möglichen Nutzen zu überwiegen, sodass von einer allgemeinen Aufforderung zur digitalen Archivierung und Nachnutzung qualitativer Daten in diesem Feld aus forschungsethischer Perspektive abzuraten ist. Für Datensorten mit niedrigem Risikopotenzial, bei expliziter Einwilligung der Teilnehmenden und bei Sicherstellung einer angemessenen Vorbereitung und fachkundigen Begleitung kann die Archivierung und Bereitstellung bestimmter qualitativer Daten zu sexualisierter Gewalt jedoch auch sinnvoll und vertretbar sein. Diese Option sollte genauer

---

[2]Die Begriffe „sexualisierte Gewalt" und „sexuelle Gewalt" werden in diesem Beitrag gleichbedeutend benutzt – auch wenn ich mich inhaltlich Carol Hagemann-White (2016) anschließen würde, die überzeugend für den Begriff der „sexuellen Gewalt" argumentiert (S. 15–16).

eruiert werden. Auch die Frage nach dem tatsächlichen Erkenntnisgewinn durch Sekundäranalysen sowie die Angemessenheit von Risikoeinschätzungen sollten empirisch unter Einbeziehung lebensweltlicher Expertise untersucht werden. Schlussfolgerungen:

a. von einer generellen Empfehlung (oder Auflage) zur Archivierung qualitativer Daten zu sexualisierter Gewalt ist zu diesem Zeitpunkt abzuraten;
b. für ausgewählte Datensorten und Studienkontexte könnte eine Archivierung allerdings sinnvoll und forschungsethisch vertretbar sein – diese gilt es zu bestimmen;
c. um eine angemessene Archivierung und Nachnutzung ausgewählter qualitativer Daten zu sexualisierter Gewalt zu ermöglichen, könnte ein themen- bzw. feldspezifisches Archiv in Erwägung gezogen werden, in dem ausreichend Expertise vertreten wäre, um die mit der Archivierung verbundenen Risiken in dem jeweiligen Kontext angemessen einschätzen und adressieren zu können;
d. dabei wäre auch die Einbeziehung professioneller und lebensweltlicher Expertise, insb. die Beteiligung von Teilnehmenden und Betroffenen-Vertreter*innen, unbedingt empfehlenswert.

2   Datenmanagement in der qualitativen Forschung

Für die Klärung, wie ein angemessenes Management von qualitativen Forschungsdaten verantwortungsvoll gestaltet werden kann, ist es zunächst erforderlich, zwei elementare Punkte in Erinnerung zu rufen: zum einen die Vielfalt qualitativer Forschungsansätze und Datenformen und zum anderen die eingeschränkte Planbarkeit qualitativer Forschungsprozesse und damit auch des Datenmanagements.

Zum ersten Punkt: Das Feld der qualitativen Forschung ist breit und ausdifferenziert. Der Diskurstheoretiker und Wissenssoziologe Reiner Keller beschreibt diese Vielfalt wie folgt:

„Die Herstellung sozialwissenschaftlichen Wissens (…) findet statt im Rahmen spezifischer und vielfältiger Wissenskulturen (…). Solche Wissenskulturen lassen sich als symbolisch- praktisch abgrenzbare Stile und Arenen der Wissensproduktion begreifen, in denen Suchbewegungen, Anerkennungskämpfe, Legitimationsbemühungen, Traditionen- und Schulenbildungen, Neuerungen, Professionalisierungen und ‚Ver-Alterungen‘ stattfinden, in denen (scheinbare oder tatsächliche) Best Practices entstehen, Moden aufeinanderfolgen, zahlreiche

Mechanismen zusammenspielen und darüber entscheiden, was gewusst werden kann (und soll) und wie es gewusst werden kann (und soll). Sozialwissenschaftliche Wissenskulturen unterscheiden sich zwischen Disziplinen, auch zwischen Sprachräumen, und in Bezug auf die damit verbundenen grundlegenden Erkenntnisinteressen. Die unüberschaubare Mannigfaltigkeit der Ansätze unter dem ,Dach des Qualitativen' bildet hier keine Ausnahme." (Keller 2014, Abs. 4)

Die Etablierung qualitativer Sozialforschung ist also mit einer Ausdifferenzierung der Methoden und „Theorie-Methoden-Pakete" (Clarke) verbunden – und die konstatierte „unüberschaubare Mannigfaltigkeit" der Ansätze geht wiederum mit einer Vielfalt von Typen und Sorten empirischen Materials einher. Im Grunde kann jeder Text, jedes Bild, jede Beobachtung und jede Interaktion (online oder offline) zu einem Datum der qualitativen Sozialforschung werden. Wir haben es also mit einer Fülle verschiedener Datentypen zu tun, die je nach Forschungstradition und Erkenntnisinteresse unterschiedlich aufbereitet werden: So gibt es unterschiedliche Anleitungen zum Verfassen von Feldnotizen und Beobachtungsprotokollen in der ethnografischen Feldforschung und zig verschiedene Stile der Transkription qualitativer Interviews, die sich nicht nur bezüglich der verwendeten Symbole, sondern insbesondere auch im Grad der Detailliertheit der Verschriftlichung der kommunikativen Elemente der Interaktion (z. B. Intonation, Länge einer Sprechpause, etc.) wesentlich unterscheiden – je nachdem, wie das Erkenntnisinteresse gelagert ist und welche Methoden verwendet werden, ob beispielsweise eine inhaltsanalytische, hermeneutische oder konversationsanalytische Auswertung durchgeführt wird. Qualitative Daten liegen also in sehr vielen verschiedenen Formen vor (inkl. Audio- und Videoaufzeichnungen, Fotos, diverse Textsorten und Verschriftlichungen, als vorgefundene Dokumente, Online-Chats, Tagebucheintragungen, Zeichnungen, Gedichte, Maps, etc.). Die Diversität der Forschungspraxen und Materialformen erfordert eine differenzierte Betrachtung der Aufbereitungs- und Weiterverarbeitungsmöglichkeiten des jeweiligen Datenmaterials.

Zweitens gilt das methodologische Prinzip der Offenheit und Gegenstandsangemessenheit im qualitativen Vorgehen.[3] Daraus folgt, dass erst im Prozess des Forschens entschieden wird (und werden kann), welche Daten zur Beantwortung der Forschungsfrage erhoben werden müssen. In der qualitativen Forschung,

---

[3]Zwar wird um die Frage der Gemeinsamkeiten „unter dem Dach des Qualitativen" traditionell gestritten, aber die methodologischen Prinzipien der Offenheit und Gegenstandsangemessenheit können als elementare Säulen qualitativer Forschungspraxis gelten (vgl. Flick et al. 2010; Rosenthal 2011; Strübing et al. 2018).

insbesondere in ethnografischen Arbeiten und der Grounded Theory Methodologie, aber auch in anderen Ansätzen und ‚Schulen', sind Datenerhebung, Auswertung und Theoriebildung in einem iterativen Prozess miteinander verschränkt. Das bedeutet, dass auch das Management der erhobenen Daten prozesshaft gestaltet werden muss – es lässt sich nur teilweise vorab planen und festlegen. Zwar können und müssen bestimmte Vorkehrungen getroffen werden, wie z. B. die Festlegung auf die Nutzung sicherer digitaler Infrastrukturen und den größtmöglichen Schutz der Daten.[4] Das genaue Datenmanagement (also wie welche Daten gespeichert, aufbereitet, aufbewahrt, zugänglich gemacht und/oder zerstört werden) kann jedoch nur projektspezifisch im Verlauf des Forschungsprozesses genauer festgelegt und gestaltet werden. Eine zentrale Frage ist hierbei, wie rechtliche Vorgaben des Datenschutzes beim Management qualitativer Daten angemessen umgesetzt werden können. Hier besteht viel Verwirrung und Klärungsbedarf (Reichertz 2015). Aktuell haben sich mit der neuen EU-Datenschutzgrundverordnung (EU-DSGVO) die rechtlichen Bestimmungen geändert und dies erfordert eine Anpassung der Forschungspraxis. Ein grundsätzliches Problem besteht jedoch darin, dass rechtliche Regelungen des Datenschutzes sich schwerpunktmäßig auf ganz andere Datentypen (insb. statistische Daten) und Erhebungssituationen beziehen. Hier gilt es für die qualitative Forschung angemessene Lösungen zu finden, die sowohl den datenschutzrechtlichen Vorgaben entsprechen als auch die Freiheit der Wissenschaft gewährleisten und den methodologischen Erfordernissen der qualitativen Forschung gerecht werden.

In diesem Text befasse ich mich nicht mit allgemeinen Fragen des Datenschutzes und -managements, sondern fokussiere einen Aspekt im Besonderen – die Frage der digitalen Archivierung qualitativer Daten zum Zwecke der Nachnutzung – und nehme dazu aus forschungsethischer Perspektive Stellung.

3 Die Fachdebatte zur Archivierung qualitativer Daten

Die Möglichkeiten der digitalen Archivierung und Sekundärnutzung qualitativer Daten werden seit ca. zwei Jahrzehnten in der Fachcommunity lebhaft diskutiert (Corti et al. 2005; Hirschauer 2014; Hollstein und Strübing 2018a; Huschka et al.

---

[4]Vgl. die Handreichung zum Datenmanagement in der qualitativen Methodenlehre, Lehrbereich von Unger, Institut für Soziologie. LMU München: https://www.qualitative-sozialforschung.soziologie.uni-muenchen.de/ressourcen/hinweise_qualitativ1/index.html. Zugegriffen: 03. Juni 2019.

2013; Jagodzinski et al. 2005; Kluge und Opitz 1999; Knoblauch und Wilke 2018; Kretzer und Diepenbroek 2018; von Unger 2018a). Die Digitalisierung der gesellschaftlichen Wirklichkeit lässt auch die qualitative Forschung nicht unberührt, und seit qualitative Daten zunehmend auch in digitaler Form vorliegen[5], werden im deutschsprachigen Raum die Möglichkeiten und Barrieren der Archivierung insbesondere qualitativer Interviewdaten erwogen (Corti et al. 2005; Kluge und Opitz 1999) und in Modelprojekten (wie dem Bremer Archiv für Lebenslaufforschung, ALLF, später *Qualiservice*) erprobt. Damit ist aufseiten der Forschenden die Hoffnung verbunden, qualitative Daten vielseitiger, umfassender und nachhaltiger zu nutzen.[6] Allerdings zeigte sich schnell, dass die Archivierung und Nachnutzung qualitativer Daten mit erheblichen Problemen verbunden ist, die u. a. mit der immanenten Kontextabhängigkeit (Hollstein und Strübing 2018a), der eingeschränkten Anonymisierbarkeit und forschungsethischen Aspekten (von Unger 2018b) sowie Vorgaben des Datenschutzes (Kluge und Optiz 1999) zusammenhängen. Auch wird der methodologische Sinn von Sekundärnutzungen qualitativer Forschungsdaten grundsätzlich infrage gestellt (Hirschauer 2014).

Gleichzeitig ist die Auseinandersetzung mit den neuen technologischen Möglichkeiten Gegenstand wissenschaftspolitischer Debatten. Im Zuge der Etablierung von Infrastrukturen zur Publikation, Archivierung und Bereitstellung von *quantitativen* Forschungsdaten erhöht sich der wissenschaftspolitische Druck auf die qualitative Forschung, es den quantitativ arbeitenden Kolleg*innen gleichzutun. Insbesondere Wissenschaftsorganisationen und Forschungsfördereinrichtungen formulieren vermehrt die Erwartung, auch qualitative Daten sollten standardmäßig archiviert und für Nachnutzungen zur Verfügung gestellt werden. Hier werden Logiken und Verfahren aus der quantitativen Forschung auf die

---

[5]Qualitative Forschungsdaten umfassen eine Bandbreite verschiedener Sorten und Formate. Zwar gibt es nach wie vor empirisches Material in nicht-digitaler Form (z. B. ethnografische Artefakte, die nicht in eine digitale Form überführt werden (können)), aber empirische Daten liegen in zunehmendem Maße (auch) digitalisiert vor (z. B. Audio- und Videoaufzeichnungen, Transkripte, Feldnotizen, Fotografien, etc.).

[6]Die Bereitstellung von Datensätzen wird in der quantitativen Sozialforschung auch für die Überprüfung der Güte im Sinne der Replizierbarkeit von Ergebnissen genutzt. In der qualitativen Sozialforschung sind Analysen aus epistemologischen Gründen nicht in

qualitative Forschung übertragen. Vertreter*innen der qualitativen Forschung weisen eine solche undifferenzierte Ausweitung von Standards der quantitativen Forschung jedoch entschieden zurück und verweisen auf die methodologische Pluralität empirischer Forschung und auf die grundlegenden Unterschiede zwischen standardisiert-quantitativen und interpretativ-qualitativen Ansätzen der Sozialforschung (vgl. die gemeinsame Resolution der DGS Sektionen Biografieforschung und Methoden der qualitativen Sozialforschung von 2014).[7]

Die Diskussion innerhalb der qualitativen Fachcommunity, in der es auch Befürworter*innen von Archivierungs- und Nachnutzungsbestrebungen gibt, wird allerdings differenziert fortgeführt. Zum aktuellen Zeitpunkt überwiegen Vorschläge, innerhalb der qualitativen Forschung genauer nach Forschungsansätzen und Datensorten zu unterscheiden (Hirschauer 2014) und die Archivierung und Nachnutzung weder generell einzufordern, noch kategorisch abzulehnen. So enthält ein 2018 erschienenes *Working Paper* des Rat für Sozial- und Wirtschaftsdaten (RatSWD) zum Thema „Archivierung und Zugang zu qualitativen Daten" eine Bandbreite an theoretisch informierten Perspektiven, praktischen Erfahrungen, Einschätzungen von Bedarfen, sowie Vorschlägen

---

derselben Form replizierbar (Strübing 2018). Allerdings könnte auch für die qualitative Forschung argumentiert werden, dass der Einblick in die Daten die „intersubjektive Nachvollziehbarkeit" (Steinke 2010, S. 324 ff.) der Analyse stärken würde. Dieses Argument ist in der Fachdiskussion jedoch nachrangig, weil weitgehend Konsens darüber besteht, dass die empirische Verankerung der Ergebnisse und die intersubjektive Nachvollziehbarkeit der Analyse in Veröffentlichungen und Forschungsberichten durch ausgewählte Zitate aus dem Rohmaterial sowie Beschreibungen des methodischen Vorgehens gewährleistet werden muss – dazu ist ein Blick in die Rohdaten nicht notwendig; gleichzeitig wäre eine „Blick" in die Rohdaten sowieso nicht ausreichend, um diese Zwecke zu erfüllen. Qualitative Analysen sind in der Regel sehr aufwendig und umfassen mehrere analytische Schritte – das gilt auch für Re-Analysen. Da jedoch grundsätzlich verschiedene Lesarten des Materials möglich sind und zwei Forschende niemals aus genau der gleichen Perspektive mit den gleichen verfügbaren Wissensbeständen Interpretationen vornehmen, ist nicht davon auszugehen, dass eine Re-Analyse zu genau denselben Ergebnissen führt. Die primäre Motivation, qualitative Daten zu archivieren, ist daher weniger mit dem Ziel verbunden, die Qualität der Primärforschung zu prüfen; sie erwächst vielmehr aus dem Wunsch, aufwendig erhobene Daten vielfältiger in der Fachcommunity nutzen zu können.

[7]Gemeinsame Stellungnahme der Sektionen „Methoden der qualitativen Sozialforschung" und „Biographieforschung" der Deutschen Gesellschaft für Soziologie (DGS) (2014) https://www.soziolo-gie.de/fileadmin/user_upload/Sektionen/Biographieforschung/ Resolution_Datenarchivierung.pdf. Zugegriffen: 12. Juni 2019.

zum weiteren Vorgehen aus diversen fachlichen Perspektiven. Dazu gehören ethnologisch-ethnografische Forschungstraditionen (Imeri 2018; Meier zu Verl und Meyer 2018), wo Skepsis und Kritik überwiegen, aber auch industrie- und arbeitssoziologische Forschungstraditionen, wo insbesondere Expert*innen-Interviews zum Einsatz kommen und feldbezogene Archivierungsbestrebungen schon relativ weit fortgeschritten sind (Dunkel und Hanekop 2018); bis hin zur Bildungsforschung (Bambey et al. 2018) und soziologischen Forschung mit audiovisuellen Daten, wo auch mit den spezifischen medialen Formaten verbundene Möglichkeiten und Herausforderungen der Archivierung eruiert werden (Knoblauch und Wilke 2018).

Die Deutsche Gesellschaft für Soziologie (DGS) kommt in einer jüngst veröffentlichten Stellungnahme zur „Bereitstellung und Nachnutzung von Forschungsdaten in der Soziologie" zu der Einschätzung, dass „nicht alle wissenschaftlich erhobenen Forschungsdaten (...) einer Nachnutzung zugänglich gemacht werden" können (DGS 2019, S. 2) und „angesichts der Vielfalt empirischer Zugänge (...) nicht von einem ‚Normalfall' des Forschungsdaten-managements gesprochen werden" kann (DGS 2019, S. 9). Die methodische und theoretische Pluralität innerhalb des Fachs, die als wertvoll und schützens-wert gilt, bringt heterogene Forschungsansätze mit sich – und damit verbunden verschiedenen Typen von Forschungsdaten, die eine differenzierte Beurteilung erfordern. Rechtliche, methodologische, forschungsethische und forschungs-praktische Gründe können gegen eine Archivierung und Bereitstellung sprechen. Wo es allerdings möglich, vertretbar und sinnvoll ist, sollen aus Sicht der DGS Infrastrukturen entsprechend auf- und ausgebaut und mit angemessenen Ressourcen ausgestattet werden (DGS 2019, S. 2).

Die kontroverse Fachdebatte wird in diesem Beitrag nicht im Detail rekonstruiert, sondern in eine breitere forschungsethische Abwägung eingeordnet. Forschungsethische Reflexivität ist in jeder empirischen Forschung erforderlich. Bei der Erforschung sensibler Themen wie sexualisierter Gewalt stellen sich ethische Fragen jedoch mit besonderer Dringlichkeit (vgl. Hagemann- White 2016; Kindler 2016). Wie können Forschende in diesem Kontext ihre Ver-antwortung wahrnehmen? Mit welchen Chancen und Risiken gehen die neuen digitalen Möglichkeiten des *data sharing* einher – insbesondere für die Studien-teilnehmer*innen, aber auch für weitere Beteiligte? Steht der mögliche Nutzen in einem vertretbaren Verhältnis zu den antizipierbaren Risiken? Oder überwiegt das Schädigungspotenzial? Dieser Beitrag wirft diese Fragen auf und bemüht sich um eine differenzierte Einschätzung und Empfehlung, soweit dies möglich ist.[8] Dazu sei jedoch angemerkt, dass Antworten auf forschungsethische Fragen grundsätzlich nur kontextbezogen gefunden werden können – von den Forschenden, die in diesem Feld forschen (Hitzler 2016), im Austausch mit der Fachcommunity sowie idealerweise, so eine Position, die auch von mir vertreten wird, im Dialog mit den Studienteilnehmer*innen, also den Personen, die uns ihre Daten anvertrauen (und/oder ihren Vertretungen), sowie weiteren relevanten Akteuren im Feld.

4 Forschungsethische Reflexivität

Wodurch zeichnet sich die hier eingenommene Perspektive auf das Thema aus? Eine forschungsethische Perspektive begreift Forschung grundsätzlich als sozialen Prozess und fragt nach den Werten und Prinzipien, die das Forschungshandeln leiten. Dabei gilt der angestrebte wissenschaftliche Erkenntnisgewinn nicht als einzig relevanter Wert, sondern es werden weitere Werte und Prinzipien berücksichtigt und auch mögliche Auswirkungen der Forschung in den Blick genommen. Aufgrund der historischen Wurzeln der Debatte (vgl. von Unger und Simon 2016) werden insbesondere die Rechte und das Wohlergehen der beteiligten Personen bei der Gestaltung der Forschungsbeziehungen betont (Hopf 2010[2000]). Ein zentrales forschungsethisches Anliegen ist es, Schaden zu vermeiden und die Rechte und Anliegen der Studienteilnehmer*innen zu achten. Das heißt, nicht jedes Vorgehen, das interessante wissenschaftliche Ergebnisse verspricht, ist angemessen – es muss auch im Hinblick auf die Gewährleistung der Selbstbestimmungsrechte der Studienteilnehmenden und die mit ihm einhergehenden Risiken und antizipierbaren Folgen vertretbar sein. Auch die Gewährleistung der wissenschaftlichen Qualität stellt ein zentrales ethisches Prinzip

---

[8]Zu meinem Hintergrund als Verfasserin: ich bin mit verschiedenen Ansätzen der qualitativen und partizipativen Forschung vertraut und verfüge über Forschungserfahrung mit Personengruppen, die als vulnerabel gelten können (z. B. sexuelle Minderheiten, Menschen mit psychischen Erkrankungen, Menschen mit HIV/Aids, Personen mit Migrations- und Fluchterfahrung, etc.), allerdings forsche ich nicht schwerpunktmäßig zu sexueller Gewalt. Über das diesbezügliche Feld- und Kontextwissen, das für die forschungsethische Reflexion dringend erforderlich ist, verfüge ich daher nur ansatzweise. Dementsprechend bemühe ich mich, Anregungen zu geben und Fragen zu formulieren, die von den Forschenden und ihren Partner/innen im Feld, die über die entsprechende Expertise verfügen, beantwortet werden müssen.

dar[9] – aber nicht das einzige oder höchste. Eine forschungsethische Perspektive erwägt immer auch mögliche Implikationen für die Teilnehmenden und orientiert sich an weiteren Prinzipien (wie Respekt für die Teilnehmenden, Schadenvermeidung und Gerechtigkeit[10]). Sie beinhaltet damit immer Abwägungen, Interpretationen und Gewichtungen von verschiedenen Prinzipien – bezogen auf einen konkreten Fall oder eine spezifische Forschungssituation.

Da sich ethische Fragen oft erst im Verlauf des Forschungsprozesses ergeben und nur eingeschränkt vorab antizipieren lassen, ist eine *forschungsethische Reflexivität* erforderlich, die im Prozess sensibel auf unvorhergesehene Wendungen reagiert und das Forschungshandeln fortwährend einer kritischen Prüfung unterzieht (von Unger et al. 2014; von Unger 2018b). Vor diesem Hintergrund ist eine einmalige Vorabprüfung ethischer Fragen (z. B. im Rahmen einer Begutachtung durch eine Ethikkommission) im Fall der qualitativen Forschung weder zielführend noch ausreichend. Dieser Punkt wird auch international lebhaft diskutiert. Die starke Regulierung der Forschung (u. a. in Form von obligatorischen *ethics reviews*), die in angloamerikanischen Ländern verbreitet ist, wird insbesondere von dort angesiedelten qualitativ Forschenden kritisch diskutiert: Diese Form der Regulierung hat negative und paradoxe Effekte, ist der Vielfalt empirischer Forschungszugänge nicht angemessen und bedroht nicht nur die qualitative Forschung, sondern die Freiheit der Wissenschaft insgesamt (Dingwall 2008; Israel 2015; Hammersley und Traianou 2012; van den Hoonard 2011). Die Engführung forschungsethischer Debatten auf Fragen der Regulierung und Begutachtung greift zu kurz (Iphofen und Tolich 2018; Roth und von Unger 2018; von Unger et al. 2016).

Diese internationalen Erfahrungen legen für die aktuelle Situation in Deutschland nahe, die Entwicklungen und Verfahren anderer Länder, die sich durch eine starke Regulierung von Forschung auszeichnen (z. B. UK, USA) nicht einfach zu kopieren, sondern Fragen der Regulierung zurückhaltender und differenzierter

---

[9]Es sei angemerkt, dass Vorstellungen von „guter Wissenschaft" auch unter Wissenschaftler*innen in den Disziplinen variieren und divergieren. Das Prinzip „gute Wissenschaft" muss also – wie jedes andere etablierte Prinzip – auf den spezifischen Forschungskontext bezogen und im Hinblick auf den jeweils gültigen „state of the art" der Forschungsrichtung interpretiert und mit Inhalt gefüllt werden. In der qualitativen Forschung gibt es eine lebendige Debatte um Gütekriterien, in der es sich zu verorten gilt.

[10]Diese drei zentralen Prinzipien werden beispielsweise in der kanadischen Debatte um Forschungsethik formuliert (vgl. Tri-Council-Policy Statement (TCPS2)) http://www.pre.ethics.gc.ca/eng/policy-politique/initiatives/tcps2-eptc2/chapter1-chapitre1/#toc01-1b Zugegriffen: 21. Juni 2019.

zu behandeln, um die guten Voraussetzungen für qualitativ hochwertige, methodenplurale, kritische und ethisch vertretbare Sozialforschung in Deutschland zu erhalten (RatSWD 2007; von Unger et al. 2016).

Ethische Prinzipien und Grundsätze liegen auch in kodifizierter Form vor, z. B. in Form von Ethik-Kodizes der Fachgesellschaften. Zum Beispiel formulieren der Berufsverband Deutscher Soziologinnen und Soziologen (BDS) und die Deutsche Gesellschaft für Soziologie (DGS) folgende zentrale Grundsätze: 1) das Streben nach Objektivität und Integrität der Forschenden und 2) der Schutz und die Rechte der Teilnehmenden, wie z. B. Risikoabwägung und Schadensvermeidung, die Freiwilligkeit der Teilnahme, die informierte Einwilligung und die Vertraulichkeit und Anonymisierung der Daten (DGS/BDS 2017). Andere Fachgesellschaften formulieren ähnliche, teilweise aber auch anders gelagerte Grundsätze und Prinzipien – abhängig von den ethischen Debatten in den jeweiligen Disziplinen, Professionen und Forschungsfeldern. So nimmt das Prinzip der Für-/Sorge z. B. bei helfenden Professionen in der Regel einen höheren Stellenwert ein als in der Soziologie, die sich eher als Reflexionswissenschaft versteht. Das Prinzip der Partnerschaft (Clark-Kazak et al. 2017) und Partizipation (Mackenzie et al. 2007) hat in bestimmten Forschungsfeldern wie der Migrations- und Fluchtforschung ein besonderes Gewicht. Der Ethik-Kodex der Internationalen Vereinigung von Sozialarbeiter*innen (IfSW) formuliert dagegen das Streben nach „sozialer Gerechtigkeit" als ethischen Grundsatz.[11]

Für jede forschungsethische Abwägung ist also zu klären, ob für die Profession, den Forschungsansatz und/oder das Feld relevante Grundsätze formuliert wurden, die herangezogen werden können. Diese Grundsätze können eine hilfreiche Orientierung für die forschungsethische Reflexivität und das Forschungshandeln liefern. Sie werfen jedoch i. d. R. auch Fragen auf und müssen grundsätzlich projektbezogen interpretiert, auf ihre Relevanz für die jeweilige Forschungssituation geprüft und mit-/bzw. gegeneinander abgewogen werden (von Unger 2014).

Allgemein lässt sich festhalten, dass forschungsethische Fragen nicht losgelöst von dem Forschungskontext behandelt werden können, in dem sie auftauchen. Positiv ausgedrückt: der jeweilige Kontext der Forschung, also die Disziplin und Forschungstradition, die theoretisch- methodologische Verortung, die beteiligten

---

[11]https://www.ifsw.org/wp-content/uploads/2018/06/13-Ethics-Commission-Consultation-Document-1.pdf. Zugriffen: 21. Juni 2019.

Personen und Institutionen, der Forschungsgegenstand und weitere Aspekte der Forschungssituation spielen eine wesentliche Rolle dafür, welche ethischen Fragen sich stellen und wie diese beantwortet werden können.

Forschung zu sexualisierter Gewalt birgt hochkomplexe, ethische Herausforderungen (vgl. Hagemann-White 2016; Kindler 2016)[12]. Für die hier interessierende Frage der forschungsethischen Einschätzung der Archivierung von Daten aus diesem Feld sind folgende Merkmale des Kontextes besonders relevant:

- Es geht um Kinder, Jugendliche und erwachsene Opfer von Gewalt und damit um bereits verletzte und besonders verletzbare („vulnerable") Personengruppen.[13]
- Dem Prinzip der Fürsorge, dem Schutz und der Sicherheit dieser Personen kommt besonderes Gewicht zu.
- Gleichzeitig stellen die individuelle und kollektive Stärkung, Selbstermächtigung („Empowerment") und Selbstbestimmung der Überlebenden von Gewalt sowie deren aktive Beteiligung an der Gestaltung von Forschung und der Bearbeitung forschungsethischer Fragen, zentrale Prinzipien dar. Dies zeigt sich auch in dem hohen Grad der Selbstorganisation Überlebender im Feld sowie der Etablierung partizipativer Ansätze.
- Der Forschungsgegenstand bzw. das Forschungsthema (sexuelle Gewalt) ist hoch sensibel: es ist für die Betroffenen mit großem Leid verbunden, im gesellschaftlichen Diskurs politisch und moralisch stark aufgeladen und rechtlich sanktioniert. Diese Kontextbedingungen gilt es zu berücksichtigen.
- Primärforschung zum Thema kann Risiken und Gefahren, wie beispielsweise eine zusätzliche psychische und emotionale Belastung der Teilnehmenden,

---

[12]Zur internationalen Diskussion um Ethik in der Forschung zu sexueller Gewalt vgl. bspw. auch die Hinweise, Links und Ressourcen der *Sexual Violence Research Initiative* (SRVI): https://www.svri.org/research-methods/ethics. Zugriffen: 21. Juni 2019.

[13]Selbstverständlich können Studien zu sexueller Gewalt auch andere Datenquellen (z. B. Medienberichte) und andere Personengruppen als Studienteilnehmer*innen involvieren (z. B. Täter*innen, Sozialarbeiter*innen, Angehörige, Therapeut*innen, Mitarbeitende des Strafvollzugs, Polizeikräfte, Politiker*innen, die allgemeine Öffentlichkeit, etc.). Allerdings gibt es auch in dieser Forschung implizierte und/oder explizit erwähnte Opfer von Gewalt, deren Rechte, Sicherheit und Wohlbefinden in forschungsethischer Hinsicht berücksichtigt werden muss. Der Begriff der Vulnerabilität – insb. seine Verwendung in der medizinisch geprägten Forschungsethik – ist allerdings umstritten (Luna 2009; van den Hoonard 2018).

sowie physisch-materielle Gefährdungen und negative Reaktionen aus dem sozialen Umfeld mit sich bringen. Diese zu reduzieren und Forschung so zu gestalten, dass auch das Feld und die Überlebenden von Gewalt davon profitieren, stellen zentralen Anliegen dar.

- Der Aufbau von Vertrauen zwischen Teilnehmenden und Forschenden spielen für die Durchführung und Güte empirischer Forschung in diesem Zusammenhang eine zentrale Rolle. Dieses Vertrauen sollte nicht durch zusätzliche Belastungen und Unwägbarkeiten, die ggf. mit einer Nachnutzung einhergehen können, unterminiert werden.

In diesem Kontext stellt sich die Frage, wie Vorschläge zur Archivierung und Nachnutzung (Sekundärforschung) forschungsethisch zu bewerten sind. Welcher Nutzen wäre damit verbunden, aber auch welche Risiken – und in welchem Verhältnis stehen diese zueinander? Verspricht die Archivierung und Sekundärnutzung der Daten möglicherweise eine Reduktion der Inanspruchnahme und Belastungen des Feldes durch Primärforschung? Oder muss mit nachteiligen Implikationen gerechnet werden, d. h. mit erhöhten Risiken für die Beteiligten und negativen Auswirkungen auf die Qualität oder gar Durchführbarkeit der Forschung? Im Folgenden werden diese Fragen ausgeführt.

5 Archivierung aus forschungsethischer Perspektive

Ich gehe zunächst auf den potenziellen Nutzen, d. h. forschungsethische Anliegen und Argumente ein, die für eine Archivierung sprechen (Ressourcenschonung, nachhaltige Nutzung und ein wissenschaftlicher Erkenntnisgewinn), bevor ich mögliche Risiken in Erwägung ziehe, die sowohl für die Studienteilnehmer*innen als auch für die beteiligten Forscher*innen mit der Archivierung und Nachnutzung qualitativer Daten zu sexualisierter Gewalt verbunden sind. Ich erläutere basale Probleme der Risikominimierung, die mit der Anonymisierung qualitativer Daten verbunden sind, und skizziere Probleme der informierten Einwilligung, die für eine Archivierung und Nachnutzung erforderlich wäre, und ziehe auf dieser Grundlage ein abschließendes Fazit.

6   Ressourcen schonen und Daten nachhaltig nutzen

Als Gründe für eine digitale Archivierung und Bereitstellung von Forschungsdaten werden zum einen forschungsökonomische Argumente angeführt, die mit
der Nachnutzung (Sekundäranalysen) verbunden wären: Daten könnten vielfältiger und umfassender ausgewertet werden, ‚Datenfriedhöfe' würden vermieden. Es wird argumentiert, dass durch mehr Sekundäranalysen weniger
Primärforschung notwendig wäre, was auch die Ressourcen des Feldes schonen
würde. Wie Hollstein und Strübing in ihrer ausgewogenen Übersicht darlegen:
aufwendig generierte Daten seien mehrfach zu nutzen, „teure Doppelerhebungen
zu vermeiden und einer Überforschung des Feldes zu begegnen" (2018a, S. 2).
Auch für die Forschung zu sexualisierter Gewalt könnte dies relevant sein –
qualitative Primärforschung ist oft sehr aufwendig. Allerdings stellen sich im
Hinblick auf diese Argumente grundsätzliche Fragen, die es zu klären gilt:

1. Wie belastend (oder bereichernd) ist qualitative (Primär-)Forschung für die
   Studienteilnehmer*innen?
1. Ist es angemessen, von einer „Überforschung" des Feldes zu sprechen?
2. Wie aufwendig ist die Aufbereitung der Daten für die Archivierung?
3. Wie ertragreich sind qualitative Sekundäranalysen tatsächlich?

Die Frage, wie das Feld und die Studienteilnehmenden die Beanspruchung
durch die Einbindung in Primärforschungsaktivitäten wahrnehmen, erfordert
eine empirische Bearbeitung und Beantwortung. Auch die Frage, inwiefern von
einer „Überforschung" gesprochen werden kann, muss empirisch, oder zumindest
unter Einbeziehung von Akteuren aus den Feldern beantwortet werden – gibt
es Settings, die häufig zu Forschungszwecken angefragt werden? Wie nehmen
Partner*innen aus der Praxis die Beanspruchung durch Forschung wahr? Gibt es
andere Möglichkeiten, das Forschungsfeld zu definieren und einen Zugang zum
Feld herzustellen?

Im Hinblick auf die Frage nach Aufwand und Ertrag von Archivierung
und Sekundärnutzung zeigen erste Erfahrungen, dass die Aufbereitung der
qualitativen Rohdaten und die notwendige Dokumentation von Kontextinformationen zur Primärforschung sowie die Anonymisierung qualitativer Daten
mit einem erheblichen zeitlichen, technischen und personellen Mehraufwand verbunden sind (Knoblauch und Wilke 2018; Saunders et al. 2015). Das heißt, möglicherweise könnte eine digitale Archivierung die Ressourcen des Feldes schonen,

in dem weniger Primärforschung durchgeführt werden müsste, weil bereits vorhandene Daten sekundäranalytisch ausgewertet werden können. Ein solches Vorgehen ist jedoch weder für jede Fragestellung (z. B. neue Phänomene sexueller Gewalt) noch für jede Forschungstradition passend. Ob also tatsächlich Primärforschung eingespart werden kann, ist eine offene Frage. Klar ist allerdings, dass die Archivierung qualitativer Daten zusätzliche Ressourcen aufseiten der Wissenschaft erfordert, da für die Forschenden und Archive ein erheblicher Mehraufwand anfällt.

7 Qualitätssicherung und wissenschaftlicher Nutzen?

Auch Zwecke der Qualitätssicherung werden angeführt, denn mit der Archivierung von sozialwissenschaftlichen Daten wird die Hoffnung verbunden, die Forschung könne dadurch transparenter und glaubwürdiger werden. Doch während dies für quantitative Forschung zutreffend sein mag, wo standardisierte Daten so beschaffen sind, dass sie sich besser anonymisieren und archivieren lassen, wo sich Auswertungen rechnerisch prüfen lassen und Sekundäranalysen traditionell einen hohen Stellenwert haben, stellt sich dies in der qualitativen Forschung anders dar. Vertreter*innen der qualitativen Forschung weisen auf fundamentale Differenzen bezüglich des jeweiligen Datenbegriffes hin (Hollstein und Strübing 2018a, S. 3) – es handelt sich bei qualitativen Daten eben nicht um ein „dekontextualisierbares Sinnquantum vor jeder Analyse" (Resolution der DGS Sektion Biografieforschung 2014), sondern um kontextabhängige Sinneinheiten, die ihre Bedeutung aus dem spezifischen Verweisungszusammenhang beziehen, in dem sie stehen bzw. erhoben wurden. Qualitative Daten und Ergebnisse lassen sich nicht in der gleichen Weise replizieren wie quantitative Daten (Strübing 2018) und das methodische Vorgehen fußt auf anderen erkenntnistheoretischen Grundlagen. Die Ergebnisse der Analyse sind Interpretationen, die qualitativen Gütekriterien entsprechend im empirischen Material verankert und intersubjektiv nachvollziehbar sein müssen, beispielsweise durch angemessene Zitation von Auszügen aus Rohdaten und Beschreibungen des methodischen Vorgehens in den Veröffentlichungen. Da sich Interpretationen jedoch nicht ‚nachrechnen' lassen und die Bereitstellung des Rohmaterials in vielen Fällen aus methodologischen Gründen als wenig sinnvoll, aus forschungspraktischen Gründen als wenig praktikabel und aus forschungsethischen Gründen als hoch problematisch erachtet wird, muss die Glaubwürdigkeit der Forschung auf anderem Weg hergestellt werden.

Sozialwissenschaftliche Forschungsdaten, die von den Studienteilnehmenden für wissenschaftliche Zwecke zur Verfügung gestellt und in der Regel mit hohem Aufwand erhoben werden, sind ohne Frage ein wertvolles Gut, das verantwortlich bearbeitet, angemessen aufbewahrt und möglichst umfassend genutzt werden sollte. Auch in Hinblick auf Daten zu sexualisierter Gewalt können wir davon ausgehen, dass viele dieser Daten es ‚wert' wären, archiviert zu werden.[14] *Data sharing* innerhalb der Fachcommunity, also das Bereitstellen von empirischem Material zur Nutzung durch andere Wissenschaftler*innen, scheint die Möglichkeit zu eröffnen, bereits erhobenes Material umfassender zu nutzen. Eine Struktur der digitalen Archivierung, die dies längerfristig ermöglicht, verspricht damit eine größere Nachhaltigkeit der Nutzung und zusätzliche Erkenntnisgewinne – zumindest auf den ersten Blick. Doch die Frage, ob sich qualitative Daten zur Sekundärnutzung überhaupt eignen, ist höchst umstritten (Hirschauer 2014). Auch die Erfahrungen des *UK Data Archive,* in dem seit über 20 Jahren qualitative Forschungsdaten archiviert und zur Verfügung gestellt werden, wird bislang hauptsächlich zu Lehrzwecken (sowie weiteren Zwecken, aber weniger für Sekundäranalysen) genutzt (Corti 2018). Das ist im Grunde nicht überraschend. Viele Varianten der qualitativen Forschung, wie die Ethnografie oder Grounded Theory-Studien, legen einen starken, methodologisch begründeten Fokus auf die Erhebung und Analyse von *Primär*daten. Für diese (weit verbreiteten) Ansätze sind Sekundäranalysen wenig(er) relevant.

Stefan Hirschauer (2014) schlägt daher vor, im Hinblick auf Fragen der Archivierung und Sekundärnutzung zwischen verschiedenen Datenformen zu unterscheiden. Dieser Vorschlag leuchtet unmittelbar ein, muss jedoch in der Praxis noch stärker aufgegriffen und umgesetzt werden. Bislang liegen erste Erfahrungen und Einschätzungen nur für einzelne Forschungs- felder, wie z. B. die Arbeitssoziologie (Dunkel und Hanekop 2018) und Bildungsforschung (Bambey et al. 2018), sowie für einzelne Datentypen, wie z. B. leitfadengestützte

---

[14]Im Allgemeinen und historisch betrachtet wurden Archive traditionell angelegt, um solche Dinge aufzubewahren und nachfolgenden Generationen und/oder Fachkreisen zugänglich zu machen, die als besonders bedeutsam, relevant und/oder wertvoll eingeschätzt wurden. Im Zuge aktueller gesellschaftlicher Entwicklungen und nahezu unbegrenzter Speichermöglichkeiten digitaler Technologien, stellt sich allerdings die Frage, ob Archivierungsbemühungen im digitalen Zeitalter nach wie vor tatsächlich an eine besondere Kenntnis des Gegenstands und dessen Wertschätzung gebunden sind. Für qualitative Daten ließe sich im Gegenteil auch argumentieren, dass fundierte Kenntnisse des Materials und dessen Wertschätzung gegen eine Archivierung bestimmter Daten sprechen (können).

Interviews (Jagodzinski et al. 2005), biografische Interviews (von Unger 2018b), ethnografische Daten (Imeri 2018, Meier zu Verl und Meyer 2018) und audiovisuelle Daten (Knoblauch und Wilke 2018) vor. Diese Einschätzungen der Möglichkeiten der Daten-Archivierung und des wissenschaftlichen Ertrags von Sekundäranalysen kommen zu sehr unterschiedlichen Ergebnissen. Nach meinem Kenntnisstand steht der Nachweis eines wissenschaftlichen Erkenntnisgewinns durch qualitative Sekundäranalysen archivierten Rohmaterials, der den Aufwand rechtfertigen würde, bislang noch aus.[15]

Ein wissenschaftlicher Nutzen der Archivierung qualitativer Daten ist also theoretisch möglich, wenn auch umstritten, praktisch jedoch noch nicht belegt. Wenden wir uns nun den möglichen Risiken zu.

8 Risiken der Daten-Archivierung für Studienteilnehmer*innen

Ein zentrales ethisches Anliegen ist es, Forschung so zu gestalten, dass den Teilnehmenden möglichst kein Schaden aus der Teilnahme entsteht, ihre Selbstbestimmung gefördert wird und die Risiken, die mit der Forschung einhergehen, geringgehalten werden und vertretbar sind. Die Forschenden sind aufgefordert, potenziellen Schaden zu antizipieren und zu reduzieren (z. B. DGS/BDS 2017, § 2). Mögliche Risiken betreffen insbesondere das körperliche und psychische Wohlbefinden der Teilnehmer*innen (wie z. B. die Möglichkeit der Re-Traumatisierung durch Erzählungen) sowie mittelbare nachteilige Konsequenzen in sozialer, rechtlicher und ökonomischer Hinsicht. Allerdings besteht das Problem, dass mögliche Schädigungen im Vorfeld nur begrenzt antizipiert werden können, im Kontext von Forschung zu sexueller Gewalt u. a. weil das genaue Ausmaß und die Form der Gewalt i. d. R. überhaupt erst im Verlauf der Datenerhebung genauer erfasst werden kann. So beschreibt Carol Hagemann-White (2016) in Bezug auf Interviewstudien zu Gewalt im Geschlechterverhältnis:

---

[15]Es gibt übrigens auch andere Ansätze der Archivierung und Nachnutzung: z. B. im Bereich der ethnografischen Forschung zu Arbeit und Organisationen, wie dem workplace ethnography project (Gabler 2016). Hier werden nicht die Rohdaten, sondern die Forschungsberichte und Publikationen archiviert und z. B. für Metaanalysen zugänglich gemacht.

„In vielen Studien ist es vor einem Interview nicht möglich zu wissen, welche Formen und Kontexte von Gewalt zum Thema werden, welche sozialen Beziehungen belastet werden könnten und welche Schritte im Forschungsprozess (z. B. Kontaktaufnahme per Telefon, Brief oder E-Mail) eine gesteigerte Gefährdung nach sich ziehen können" (S. 21).

Risiken betreffen allerdings nicht nur Studienteilnehmer*innen, die selbst Gewalt erlebt haben, und darüber in einer Studie berichten, sondern ggf. auch ihr Umfeld und Dritte.

„Die Offenlegung von sexuellem Missbrauch in der Vergangenheit kann darüber hinaus Institutionen – z. B. Schule, Kirche oder Heim – und deren Leitungen bedrohen und unvorhergesehene Angriffe gegen Personen, die über Geschehnisse reden, auslösen. Reaktionen nicht nur von (damaligen) Tätern sondern aus dem Kreis der Familie und der Nachbarschaft, aber auch derjenigen, die sich mit dem Täter solidarisieren, können aggressiv, demütigend oder verletzend ausfallen. Auch nach vielen Jahren kann die Offenbarung von sexuellen Gewalterlebnissen zu Brüchen und schweren Konflikten im sozialen Netz führen." (Hagemann-White 2016, S. 21)

Diese Hinweise auf mögliche Risiken sind auch im Hinblick auf die Frage der Archivierung und Bereitstellung von Datenmaterial hoch relevant. Bestehende Archivierungsprojekte (wie *Qualiservice*) legen zwar großen Wert darauf, den Kreis möglicher Nutzer*innen auf andere Wissenschaftler*innen zu beschränken, und Daten nicht einer allgemeinen Öffentlichkeit zugänglich zu machen (vgl. Kretzer und Diepenbroek 2018). Allerdings erhöht sich mit der Anzahl der Personen, die auf bestimmte Daten Zugriff haben, auch die Wahrscheinlichkeit, dass es zu Datenverlust, unzureichendem Schutz und anderen Problemen im Zusammenhang mit menschlichem Fehlverhalten oder technischem Versagen kommt. Speichermedien können verloren gehen, Zugangs- und Zugriffkontrollen können unzureichend sein. Darüber hinaus stellt sich die Frage inwiefern ausgeschlossen werden kann, dass staatliche Stellen auf die Daten zugreifen, solange kein Zeugnisverweigerungsrecht für Sozialwissenschaftler*innen besteht? In Großbritannien hat sich die rechtliche Situation im Hinblick auf den Schutz der Daten durch neue Gesetze, die Transparenz und staatliche Rechenschaftspflicht fördern sollen, (wie den neuen *Freedom of Information Act* 2000 und den *Environmental Information Regulations Act* 2004)in den letzten Jahrzehnten stark verändert: hier können Forschende rechtlich dazu gezwungen werden, der Öffentlichkeit Einblick in ihre Daten zu gewähren, sofern sie an öffentlich geförderten Einrichtungen beschäftigt sind (Mauthner 2012, S. 159). Diese Fragen sind deshalb so brisant, weil qualitative Daten im Grunde so beschaffen sind, dass sie niemals gänzlich anonymisiert werden können. Rückschlüsse auf Personen und Einrichtungen sind dann nicht auszuschließen, wenn a) qualitative Rohdaten in Gänze vorliegen, b) Informationen im Detail und in ihrem spezifischen Kontext und Zusammenspiel erfassbar (also Querbezüge möglich) sind, und c) Kenntnisse des Feldes vorliegen bzw. recherchierbar sind (z. B. im Internet).

Bei der Abschätzung von Risiken stellt sich allerdings grundsätzlich die Frage, wer Risiken eigentlich realistisch und angemessen einschätzen kann? Solange wir nicht in die Zukunft blicken können, lassen sich Risiken und Gefahren immer nur ungefähr und begrenzt antizipieren und die Einschätzung, welche Risiken „im Alltag üblich" (DGS und BDS 2017, § 2(5)) sind, hängt stark vom Standpunkt der Betrachterin ab. Im Hinblick auf das vorliegende Thema sollten die möglichen Risiken, die mit einer digitalen Archivierung und Nachnutzung von qualitativen Daten für die Studienteilnehmenden einhergehen, nicht nur von den beteiligten Forschenden oder unbeteiligten Dritten (wie den Mitgliedern von Ethikkommissionen), sondern von weiteren Akteur*innen mit relevanter Expertise eingeschätzt werden. Dazu gehören auch Akteur*innen aus dem Feld. Insbesondere die Perspektiven der Teilnehmenden selbst sollten bei der Einschätzung möglicher Risiken mit einbezogen werden. Statt Risiken also (potenziell zu paternalistisch vgl. van den Hoonard 2011) *für* potenziell „vulnerable" Studienteilnehmer*innen einzuschätzen, könnten diese selbst in eine Einschätzung *mit* einbezogen werden. Denn wie Carol Hagemann-White (2016) im Hinblick auf Forschung über Gewalt im Geschlechterverhältnis schreibt: „Im Zweifel sind diejenigen, die erlebte Gewalt erinnern und beschreiben können, überdurchschnittlich befähigt, die damit verbundenen Risiken selbst einzuschätzen." (S. 20) Ob dies allerdings für alle Opfer sexualisierter Gewalt gilt (inklusive Kinder und Jugendliche), ist eine offene Frage. Aber auch Kinder und Jugendliche könnten durch Repräsentant*innen vertreten werden, die ihre Perspektive auf forschungsethische Fragen besser erfassen und widergeben können als professionelle Erwachsene.

9 Risiken der Archivierung für *Forschende*

Im Hinblick auf die Archivierung qualitativer Primärdaten und deren Bereitstellung für die *scientific community* bestehen nicht nur Risiken für die Studienteilnehmer*innen (und wie oben erwähnt, weitere Akteure im Feld). Es bestehen auch Risiken für die beteiligten Forscher*innen. In der jüngeren, internationalen Diskussion ethischer Fragen der Sozialforschung werden zunehmend auch solche Risiken adressiert, die nicht nur für die Teilnehmenden (also die Pro-band*innen, Interviewpartner*innen, Interlokutor*innen etc.) sondern auch für die Forschenden mit einer Studie verbunden sein können. Dies trifft zum Beispiel auf Forschung in Krisengebieten zu und auf weitere Forschungskontexte, die Risiken für das Wohlergehen der Forschenden beinhalten können (z. B. emotional beanspruchende Forschung (Bahn und Weatherill 2012)). Das heißt, auch für die in forschender Funktion Beteiligten sind mögliche Risiken und negative Auswirkungen mit zu berücksichtigen und geeignete Gegenmaßnahmen zu er-greifen. Welche Risiken gehen nun mit der Archivierung und Sekundäranalyse qualitativer Daten für die Forschenden einher? Auch hier hängt die Beantwortung der Frage stark davon ab, welche Daten wie erhoben werden. Qualitative Daten, die mithilfe von „Nah-Methoden" (Breuer et al. 2002: Abs. 3) generiert werden, also Interviews, Feldnotizen, Beobach- tungsprotokolle, Postskripte, u. Ä. geben oft sehr viel über die Person der Forschenden preis. Stellt reflektierte Subjektivi-tät ein Gütekriterium der Forschung dar, so ist es erforderlich, diese Interaktivi-tät und Subjektivität im Forschungsprozess zu dokumentieren, um sie einer kritischen Analyse unterziehen zu können. Wird auf Basis konstruktivistischer Annahmen erkenntnistheoretisch von dem Einschluss der/des Beobachterin/s in den Erkenntnisprozess ausgegangen, muss diesem im Erhebungsprozess Rechnung getragen werden. Infolge dessen geben die Daten viel über die Forschenden preis und sind im Grunde nicht anonymisierbar (weil die beteiligten Forscher*innen i. d. R. namentlich genannt werden, zumindest die Projektver-antwortlichen). Personen, die in forschender Funktion an einer Studie mitgewirkt haben, sind auch im Internet leicht recherchierbar, u. a. über die Webseiten der Forschungseinrichtungen und Projekte sowie über die Publikationen, die aus den Studien hervorgehen. Die damit verbundenen Risiken für die Privatsphäre und das professionelle Standing der Forschenden sind auch im Hinblick auf Forschungsteams und insbesondere für abhängig beschäftigte Mitarbeiter*innen (oder auch Studierenden) nicht zu unterschätzen. Diese sollten in Entscheidungen über Archivierung und Nachnutzung von Material, das sie selbst erhoben haben, mit einbezogen werden.

10   Schutz, Vertraulichkeit und Grenzen der Anonymisierung

Wie eingangs erwähnt, kommt dem Schutz und der Sicherheit der beteiligten, von Gewalt betroffenen Personen in der Forschung zu sexueller Gewalt besonderes Gewicht zu. Vertraulichkeit und Anonymisierung sind zwei wesentliche Schutzmaßnahmen, die allgemein in der Sozialforschung ergriffen werden, um die Beteiligten ihre Daten und ihre Rechte zu schützen. Allerdings kann aus dem Prinzip des Schutzes auch folgen, dass Vertraulichkeit gerade nicht gewahrt wird, z. B. wenn Informationen über eine aktuelle Gefährdungssituation weiter geleitet werden, um eine Person vor weiterer Gewalt zu schützen (vgl. die Diskussion zu der Frage, wann und inwiefern der Bruch der Vertraulichkeit in der Forschung mit Kindern und Jugendlichen gerechtfertigt oder sogar geboten sein kann; Kindler 2016, S. 86–87). Darüber hinaus stellt sich im Hinblick auf Fragen der Archivierung und Nachnutzung die Fragen, inwiefern der Grundsatz der Vertraulichkeit noch gegeben ist, wenn wir die Daten an andere, nicht näher bestimmte Wissenschaftler*innen weitergeben? Diese Frage ist eng mit Fragen der Anonymisierung verbunden und hier bestehen großer Herausforderungen im Umgang mit qualitativen Daten: In der qualitativen Forschung haben Indexikalität und Kontextualität einen hohen methodologischen Stellenwert – d. h. qualitativ Forschende arbeiten immer mit Aussagen, Deutungen und Beobachtungen in einem spezifischen Kontext. Die Daten machen nur Sinn und beziehen ihrer Aussagekraft aus diesem Kontext – letzterer kann also nicht ohne Weiteres unkenntlich gemacht werden. Praktiken der Anonymisierung bewegen sich daher in dem Spannungsfeld zwischen forschungsethischen und datenschutzrechtlichen Vorgaben einerseits und den jeweils gültigen methodologischen Erfordernissen der qualitativen Forschungsrichtung und sowie ggf. den Wünschen und Anliegen der beteiligten Personen andererseits.

Forschungspraktisch gehen Strategien der Anonymisierung über die Löschung von Personennamen und das Verwenden von Pseudonymen hinaus. Saunders und Kolleg*innen (2015) beschreiben ausführlich, wie sie nicht nur Personen-, Orts, und Einrichtungsnamen, sondern (teilweise) weitere Informationen zu religiöser und kultureller Zugehörigkeit, Berufstätigkeit, familiären Beziehungen, etc., die die Identität der Person preisgeben könnten, in einer qualitativen Interviewstudie anonymisiert haben. Dabei waren sie bemüht, eine kontextsensible Balance zwischen dem Schutz der Interview-Partner*innen (in diesem Fall: Angehörige von Menschen im Wachkoma) und dem Bewahren der Aussagekraft der Daten zu finden. Sie weisen darauf hin, dass es von Vorteil ist, die Form und das Ausmaß der Anonymisierung auch mit den Interview-Partner*innen abzusprechen, denn auch gut gemeinte Schutzstrategien können von den Betroffenen als unethisch empfunden werden. Allerdings sind auch Forschende, die dies tun, nicht vor Überraschungen gefeit – einer ihrer Forschungsteilnehmer hat beispielsweise bei einem sorgfältig anonymisierten Open-Access-Artikel sein eigenes Pseudonym ausgetüftelt und den Online-Artikel anschließend mit seiner Facebook-Seite verlinkt (Saunders et al. 2015, S. 629–630).

Qualitative Daten weisen durch ihre besondere Beschaffenheit und Kontext-
dichte die Eigenart auf, dass sie, auch wenn sie sorgfältig anonymisiert sind,
allein dadurch, wie eine Interaktion oder ein Ort beschrieben wird oder wie eine
Lebensgeschichte erzählt wird, Rückschlüsse auf die Person möglich machen
können – insbesondere für Personen, die diese Orte und Personen gut kennen.
Es bedarf also maßgeschneiderter Lösungen und des Eingeständnisses, dass in
Zeiten des Internets, wo sich die Grenzen zwischen Privatheit und Öffentlichkeit
verschieben, Strategien der Anonymisierung in vielfältiger Hinsicht unterlaufen
werden können.

Mit den verfügbaren Informationen und Technologien ist es ein Leichtes, über
die Kombination bestimmter Schlagwörter in einer Suchmaschine Rückschlüsse
auf beteiligte Personen und Institutionen zu ziehen. Daher wird auch gefragt, ob
der Grundsatz der Anonymisierung überhaupt noch praktikabel und in jedem Fall
angebracht und zielführend ist (Tilley und Woodthorpe 2011).

Im Hinblick auf die Frage der Archivierung qualitativer Daten könnte ein
Vorschlag lauten, die Daten nicht-anonymisiert aufzubewahren und weiter zu
gegeben, um eine sinnvoll Sekundäranalyse zu ermöglichen (vgl. von Unger
2015, Kommentare). Eine solche Option wäre allerdings datenschutzrechtlich nur
unter sehr spezifischen Bedingungen denkbar und forschungsethisch angesichts
des hohen Schädigungspotenzials (der meisten Datensorten) kaum vertretbar.

11   Informierte Einwilligung

Eine digitale Archivierung und Sekundärnutzung von Daten ist grundsätzlich nur
dann möglich, wenn sie auf der expliziten informierten Einwilligung der Teilnehmenden (in schriftlicher Form) beruht. Mit dieser Voraussetzung potenzieren
sich jedoch grundlegende Probleme der informierten Einwilligung in der Sozialforschung.

Zum Beispiel ist in der Forschung mit Personen, die rechtlich gesehen nur
beschränkt einwilligungsfähig sind (wie Kinder und Jugendliche), oft ein *proxy
consent* oder *surrogate consent* von Eltern oder gesetzlichen Vertreter*innen
erforderlich. Im Kontext der Forschung zu sexueller Gewalt können wesentliche
Probleme u. a. in Interessenkonflikten bestehen, z. B. wenn Eltern kein Interesse
daran haben, dass ihre Kinder zu dem Thema befragt werden (vgl. Kindler 2016,
S. 83–85). Oder in dem gegensätzlichen Fall: wenn Eltern oder gesetzliche Vertreter*innen ihre Einwilligung geben, welche Rechte haben dann die Kinder und
Jugendlichen (und zu welchem Zeitpunkt), um ihre Einwilligung zu verweigern
oder zurück zu ziehen?

Ein weiteres Problem besteht darin, dass es aufgrund der eingeschränkten Planbarkeit von explorativen Prozessen in der qualitativen Forschung oft nicht möglich ist, zu Beginn der Datenerhebung genau zu bestimmen, wie der Forschungsprozess verlaufen und zu welchen Resultaten er führen wird. Durch das Prinzip der Offenheit können die Inhalte, die im Rahmen der informierten Einwilligung vermittelt werden sollen, nicht in der gleichen Form wie bei quantitativen Studien vorab festgelegt und kommuniziert werden. Zudem gibt es Forschungssituationen, in denen eine Einwilligung nicht individuell und/oder nicht in schriftlicher Form eingeholt werden kann, und so wird das informierte Einverständnis in vielen qualitativen Studien angemessener als iterativer und dialogischer Prozess verstanden (Narimani 2014; von Unger 2018c; Warin 2011). Kritische Stimmen weisen zudem darauf hin, dass das Konzept der informierten Einwilligung einen Mittelschichts-Bias hat (M'Bayo 2014) und für manche Varianten der qualitativen Forschung, wie beispielsweise die ethnografische Feldforschung, nur wenig passend und angemessen ist (Bell 2014).

Die digitale Archivierung und Sekundärnutzung verschärft nun diese Probleme: Forschende sind angehalten, formal und schriftlich die informierte Einwilligung der Teilnehmenden einzuholen, wobei sie nur sehr wenig darüber sagen können, in welchen Kontexten die Daten zukünftig Verwendung finden werden (es handelt sich um einen „broad informed consent"). Das wirft zum einen datenschutzrechtliche Fragen auf (ist solch ein allgemeines Einverständnis, das nicht auf einen spezifischen Studienzweck beschränkt ist, überhaupt legitim?).

Gleichzeitig kann solch eine Anfrage an die Teilnehmenden den Forschungsprozess negativ beeinflussen. Für die Erhebung von Daten (insb. Interviewdaten) zu sexualisierter Gewalt ist i. d. R. eine Vertrauensbeziehung zwischen Forschenden und Teilnehmenden wichtig, die durch eine informierte Einwilligung, die nicht auf einen spezifischen Studienkontext beschränkt und für eine Archivierung notwendig wäre, unterminiert werden könnte. Hier liegen zwar bislang nur erste Einschätzungen vor (z. B. von Mauthner 2012 im Hinblick auf ihre Forschungsbeziehungen in einer Studie zu Unglücken auf Ölplattformen), aber es liegt auf der Hand, dass Forschende durch die Einbeziehung von unbekannten Dritten einen noch größeren Vertrauensvorschuss als bei regulärer qualitativer Forschung ohne Nachnutzung erbeten. Gleichzeitig sind dafür aber schlechtere Voraussetzungen gegeben, denn der Prozess ist noch formalisierter, da die Einwilligung im Fall der Archivierung notwendigerweise schriftlich einzuholen ist. Mit dieser Insistenz auf eine schriftliche, formale Einwilligung ergeben sich nicht zu unterschätzende Risiken für die Qualität und Durchführbarkeit der Forschung, insbesondere für Studien mit marginalisierten Personengruppen, bei denen solche (i. d. R. gut gemeinte) Prozesse auf Unverständnis und Skepsis stoßen können (von Unger 2018b). Allerdings steht auch im Hinblick auf die Auswirkungen einer schriftlichen Einwilligung, die eine digitale Archivierung und Nachnutzung der Daten einschließt, eine empirische Untersuchung noch aus, die genauer nach Studienkontexten, beteiligten Personen und Datensorten unterscheidet.

12   Abschließendes Fazit

Zusammenfassend kann festgehalten werden, dass einerseits viel für die Möglichkeiten der digitalen Aufbewahrung und Nachnutzung von qualitativen Daten spricht: Diese sind ein kostbares Gut und können möglicherweise auch Jahre später noch gewinnbringend für Sekundäranalysen genutzt werden. Allerdings steht der Beleg für diese Hoffnung noch aus und es ist wahrscheinlich, dass sich manche Datensorten dazu besser eignen als andere. Auch das Anliegen, die empirische Arbeit von qualitativ Forschenden zu überprüfen, ist grundsätzlich im Hinblick auf die Rechenschaftspflicht von Forschenden, deren Arbeit ja größtenteils durch öffentliche Gelder und Infrastrukturen ermöglicht wird, durchaus legitim. Könnte man die Rohdaten einsehen, so hoffen manche, wären die Vorgehensweisen und Ergebnisse (noch) besser nachvollziehbar. Auch die mögliche Entlastung des Feldes durch weniger Primärforschung (in Folge von mehr Sekundärforschung) könnte ein Vorteil sein.

Auf der anderen Seite bestehen grundlegende Probleme. Ganz zentral stellen sich Fragen der Anonymisierung, denn die meisten qualitativen Daten sind nur mit sehr hohem Aufwand und großen Verlusten an Datenqualität und heuristischem Wert anonymisierbar. Eine Möglichkeit, mit diesem Problem umzugehen, könnte lauten, nicht-anonymisierte Daten zur Verfügung zu stellen. Dies wirft jedoch weitere forschungsethische und datenschutzrechtliche Probleme und Zweifel auf: Ist das gesetzeskonform? Wer darf diese Daten einsehen und nutzen? Wie kann Schaden und Missbrauch vermieden werden? Ein weiteres Problem besteht im Hinblick auf die informierte Einwilligung der Teilnehmer*innen und den Auswirkungen, die es hätte, wenn die Teilnehmenden nicht nur für den einen spezifischen Studienkontext, sondern für weitere, in der Zukunft liegende Untersuchungen durch Wissenschaftler*innen, die sie nicht kennen, ihr generelles Einverständnis geben müssten. Manch ein/e Teilnehmer*in würde dies abschrecken. Hinzu kommen methodische Bedenken, inwiefern unter diesen Umständen – wenn unklar ist, wer die Daten für welche Zwecke nutzt – anders erzählt (und gefragt) wird?

Vor dem Hintergrund der hier dargestellten Erwägungen und Probleme kann eine digitale Archivierung und Bereitstellung von qualitativen Daten grundsätzlich nicht empfohlen werden. Auch in der Fachgemeinschaft besteht weitgehender Konsens darüber, dass es sich bei der digitalen Archivierung um eine freiwillige Option handeln muss, die nur mit der expliziten informierten Einwilligung der Teilnehmer*innen, unter sachkundiger Anleitung (z. B. zu den Möglichkeiten der Re-Kontextualisierung des Materials) und bei ausreichenden Ressourcen empfehlenswert ist (vgl. die eingangs erwähnte gemeinsame Resolution der Sektionen Biografieforschung und Qualitative Methoden der Deutschen Gesellschaft für Soziologie sowie Hollstein und Strübing 2018b). Auch die DGS warnt in ihrer Stellungnahme zum Thema „Bereitstellung und Nachnutzung von Forschungsdaten in der Soziologie" eindringlich davor, eine die Archivierung und Bereitstellung aller Arten von Forschungsdaten zu fordern: „Rechtliche, for- schungsethische, den Aufwand und den gegenstandsadäquaten Ertrag abwägende sowie organisatorisch-technische Überlegungen sind zu berücksichtigen bei der Frage, welche Daten und weiteren Informationen wann, für wen, zu welchem Zweck und in welcher Form bereitgestellt werden können und sollen" (DGS 2019, S. 2). Die DGS weist zudem darauf hin, dass Archivierungsbestrebungen nicht-intendierte negative Konsequenzen haben können. Diese bestehen unter anderem im Hinblick auf die Auswahl der Forschungsgegenstände und der Forschungsfragen, die sich nicht an einer Nachnutzung von Daten ausrichten dürfe (DGS 2019, S. 2). Das heißt, es wäre für die Freiheit und Qualität der Forschung möglicherweise fatal, wenn zu starke Archivierungs-Auflagen oder -anreize gesetzt würden, die dazu führen, dass bestimmte Felder, Fragestellungen und methodische Vorgehensweisen ausgeklammert würden, weil sie sich nicht für eine Datenarchivierung eignen.

Im Sinne eines Ausblicks möchte ich die Debatte jedoch nicht vorschnell schließen. Trotz der Probleme und offenen Fragen könnte die digitale Archivierung und Sekundärnutzung qualitativer Daten sinnvoll und auch forschungsethisch vertretbar sein, nämlich wenn die Risiken für die Beteiligten relativ gering (oder zumindest vertretbar) und der Nutzen –im Hinblick auf den Erkenntnisgewinn, und auch im Hinblick auf den möglichen Nutzen für die Betroffenen, das Feld und die Gesellschaft– besonders hoch wären. Da es sich bei Forschung zu sexueller Gewalt um ein sensibles Thema und einen Forschungsgegenstand mit hohen Risiken handelt, erscheint es mir aus forschungsethischer Perspektive nicht verantwortlich, qualitative Primärdaten aus diesem Feld einem allgemeinen Archiv zu überlassen. Stattdessen wäre ein feldspezifisches Archiv denkbar, in dem neben wissenschaftlicher, fachlich-technischer und rechtlicher Expertise auch lebensweltliche Expertise zu sexueller Gewalt angemessen vertreten wäre.

Ein solches Archiv müsste (in Zusammenarbeit mit bereits bestehenden Archiven) erprobt und aufgebaut und mit angemessenen Ressourcen ausgestattet werden. Studienteilnehmende und ihre Vertreter*innen sowie Einrichtungen aus dem Feld, die professionelle Expertise im Umgang mit Phänomenen sexualisierter Gewalt haben, könnten hier u. a. in Form eines Community-Boards und/oder eines Expert*innnen-Beirats Sorge tragen, dass bei Risikoabschätzungen, Verfahren der Datenaufbereitung und bei Fragen der Regulierung des Zugangs zu diesen Daten auch lebensweltliche und professionelle Perspektiven angemessen berücksichtigt werden. Allerdings müsste auch ein solches Archiv auf dem Grundsatz der Archivierung als *freiwilliger* Option basieren, die nicht in allen, sondern nur in einigen Fällen realisiert werden kann.

Literatur

Bahn, S., & Weatherill, P. (2012). Qualitative social research: a risky business when it comes to collecting 'sensitive' data. *Qualitative Research, 13*(1), 19–35.

Bambey, D., Meyermann, A., Porzelt, M. & Rittberger, M. (2018). Bereitstellung und Nachnutzung qualitativer Daten in der Bildungsforschung: Das Forschungsdatenzentrum (FDZ) Bildung am DIPF. *RatSWD Working Paper Series, 267,* 59–66. Berlin: Rat für Sozial- und Wirtschaftsdaten. https://www.ratswd.de/dl/RatSWD_WP_267.pdf. Zugegriffen: 23. Mai 2019.

Bell, K. (2014). Resisting commensurability: Against informed consent as an anthropological virtue. *American Anthropologist, 116*(3), 511–522.

Breuer, F., Mruck, K. & Roth, W.-M. (2002). Subjektivität und Reflexivität: Eine Einleitung. *Forum Qualitative Sozialforschung, 3*(3). http://nbn-resolving.de/ urn:nbn:de:0114-fqs020393. Zugegriffen: 21. Juni 2019.

Clark-Kazak, C., Canadian Council for Refugees, Canadian Association for Refugee and Forced Migration Studies & York University's Centre for Refugee Studies. (2017). Ethical considerations: Research with people in situations of forced migration. *Refuge, 33*(2), 11–17. https://refuge.journals.yorku.ca/index.php/refuge/article/ view/40467/36453. Zugegriffen: 21. Juni 2019.

Corti, L. (2018). 20 years of archiving and sharing qualitative data in the UK. *RatSWD Working Paper, 267,* 14–24. Berlin: Rat für Sozial- und Wirtschaftsdaten. https://www. ratswd.de/dl/RatSWD_WP_267.pdf. Zugegriffen: 23. Mai 2019.

Corti, L., Witzel, A., Bishop, L. (2005). Sekundäranalyse qualitativer Daten. *Forum Qualitative Sozialforschung, 6*(1), Art. 49. http://nbn-resolving.de/urn:nbn:de:0114-fqs0501495. Zugegriffen: 21. Juni 2019.

DGS (2019). *Bereitstellung und Nachnutzung von Forschungsdaten in der Soziologie.* Stellungnahme des Vorstands und Konzils der DGS. Deutsche Gesellschaft für Soziologie (DGS) https://www.soziologie.de/nc/aktuell/stellungnahmen/single-view/ archive/2019/01/09/ar-ticle/bereitstellung-und-nachnutzung-von-forschungsdaten-in-der-soziologie/. Zugegriffen: 21. Juni 2019.

DGS und BDS. (2017). *Ethik Kodex der Deutschen Gesellschaft für Soziologie (DGS) und des Bundesverbandes deutscher Soziologinnen und Soziologen (BDS)*. https://www.soziolo-gie.de/de/die-dgs/ethik/ethik-kodex.html. Zugegriffen: 21. Juni 2019.

Dingwall, R. (2008). The ethical case against ethical regulation in humanities and social science research. *Twenty-First Century Society, 3*(1), 1–12.

Dunkel, W., Hanekop, H. (2018). FDZ für qualitative Forschungsdaten in der Arbeits- und Industriesoziologie: das interdisziplinäre Zentrum eLabour. *RatSWD Working Paper, 267*, 36–45. Berlin: Rat für Sozial- und Wirtschaft-Datenhttps://www.ratswd.de/dl/RatSWD_WP_267.pdf. Zugegriffen: 23. Mai 2019.

Flick, U., von Kardorff, E., & Steinke, I. (2010). Was ist qualitative Forschung? Einleitung und Überblick. In U. Flick, E. von Kardorff, & I. Steinke (Hrsg.), *Qualitative Forschung. Ein Handbuch* (8. Aufl., S. 13–29). Reinbek bei Hamburg: Rowohlt Taschenbuch.

Gabler, A. (2016). Sekundäranalysen arbeitsethnografischer Forschung: Was kann man vom, Workplace Ethnography Project' lernen? In S. Liebig & W. Matiaske (Hrsg.), *Methodische Probleme in der empirischen Organisationsforschung* (S. 211–226). Wiesbaden: Springer.

Hagemann-White, C. (2016). Grundbegriffe und Fragen der Ethik bei der Forschung über Gewalt im Geschlechterverhältnis. In C. Helfferich, B. Kavemann, & H. Kindler (Hrsg.), *Forschungsmanual Gewalt. Grundlagen der empirischen Erhebung von Gewalt in Paarbeziehungen und sexualisierter Gewalt* (S. 13–31). Springer: Wiesbaden.

Hammersley, M., & Traianou, A. (2012). *Ethics in qualitative research. Controversies and contexts*. London: Sage.

Hirschauer, S. (2014). Sinn im Archiv? Zum Verhältnis von Nutzen. *Kosten und Risiken der Datenarchivierung. Soziologie, 43*(3), 300–312.

Hitzler, R. (2016). Eigenverantwortung? *Ethische Aspekte sozialwissenschaftlicher Feldforschung. Soziologie, 45*(4), 441–447.

Hollstein, B. & Strübing, J. (2018a). Archivierung und Zugang zu qualitativen Daten. *RatSWD Working Paper, 267* (S. 1–12). Berlin: Rat für Sozial- und Wirtschaftsdaten, https://www.ratswd.de/dl/RatSWD_WP_267.pdf. Zugegriffen: 23. Mai 2019.

Hollstein, B., Strübing, J. (2018b). Zentrale Ergebnisse und Empfehlungen aus dem Workshop für Archivierung und Sekundäranalyse qualitativer Forschungsdaten. *RatSWD Working Paper, 267* (S. 101–105). Berlin: Rat für Sozial- und Wirtschaftsdaten, https://www.ratswd.de/dl/RatSWD_WP_267.pdf. Zugegriffen 23. Mai 2019.

Hopf, C. (2010 [2000]). Forschungsethik und qualitative Forschung. In: U. Flick, E. von Kardorff & I. Steinke (Hrsg.), *Qualitative Forschung. Ein Handbuch. 8. Aufl.* (S. 589–600). Reinbek, Rowohlt.

Huschka, D., Knoblauch, H., Oellers, C., & Solga, H. (Hrsg.). (2013). *Forschungsinfrastrukturen für die qualitative Sozialforschung*. Berlin: SCIVERO.

Imeri, S. (2018). Archivierung und Verantwortung. Zum Stand der Debatte über den Umgang mit Forschungsdaten in den ethnologischen Fächern. *RatSWD Working Paper, 267*, 69–78. Berlin: Rat für Sozial- und Wirtschaftsdaten. https://www.ratswd.de/dl/RatSWD_WP_267.pdf. Zugegriffen: 23. Mai 2019.

Iphofen, R., & Tolich, M. (Hrsg.). (2018). *The Sage Handbook of qualitative research ethics*. Sage: London.

Israel, M. (2015). *Research ethics and integrity for social scientists: Beyond regulatory compliance*. London: Sage.

Jagodzinski, W., Schuman, K. F., Witzel, A. (2005). *Archivierung und Sekundärnutzung qualitativer Interviewdaten – eine Machbarkeitsstudie. Abschlussbericht zum DFG-Projekt. Bremen, Qualiservice*. www.qualiservice.org/fileadmin/templates/qualiser-vice/DFG_Abschlussbericht.pdf. Zugegriffen: 21. Juni 2019.

Keller, R. (2014). Zukünfte der qualitativen Sozialforschung. *Forum Qualitative Sozialforschung, 15*(1), Art. 16,http://nbn-resolving.de/urn:nbn:de:0114-fqs1401165. Zugegriffen: 03. Juni 2019.

Kindler, H. (2016). Ethische Fragen in der Forschung mit Kindern und Jugendlichen zu sexueller Gewalt: Ein Überblick. In C. Helfferich, B. Kavemann, & H. Kindler (Hrsg.), *Forschungsmanual Gewalt. Grundlagen der empirischen Erhebung von Gewalt in Paarbeziehungen und sexualisierter Gewalt* (S. 69–100). Springer: Wiesbaden.

Kluge, S., Opitz, D. (1999). Die Archivierung qualitativer Interviewdaten. Forschungsethik und Datenschutz als Barrieren für Sekundäranalysen? *Soziologie, 4*, 48–63.

Knoblauch, H., Wilke, R. (2018). Forschungsdateninfrastrukturen für audio-visuelle Daten der Qualitativen Sozialforschung – Bedarf und Anforderungen. *RatSWD Working Paper, 267*, 47–57. Berlin: Rat für Sozial- und Wirtschaftsdaten. https://www.ratswd.de/dl/RatSWD_WP_267.pdf. Zugegriffen: 23. Mai 2019.

Kretzer, S., Diepenbroek, M. (2018). Flexible Strategien für eine forschungsfreundliche Archivierung und Nachnutzung qualitativer Forschungsdaten. *RatSWD Working Paper, 267*, 26–34. Berlin: Rat für Sozial- und Wirtschaftsdaten. https://www.ratswd.de/dl/RatSWD_WP_267.pdf. Zugegriffen 23. Mai 2019.

Luna, F. (2009). Elucidating the concept of vulnerability: Layers not labels. *International Journal of Feminist Approaches to Bioethics, 2*(1), 121–139.

Mackenzie, C., McDowell, C., & Pittaway, E. (2007). Beyond "do no harm": The challenge of constructing ethical relationships in refugee research. *Journal of Refugee Studies, 20*(2), 299–319.

Mauthner, N. S. (2012). ‚Accounting for our part of the entangled webs we weave': ethical and moral issues in digital data sharing. In M. Birch, T. Miller, M. Mauthner, & J. Jessop (Hrsg.), *Ethics in qualitative research* (2. Aufl., S. 157–175). London: SAGE Publications Ltd.

M'Bayo, R. (2014). Keine Wahl haben und doch eine treffen: Ethische Herausforderungen in der HIV/Aids-Forschung mit afrikanischen Frauen. In H. von Unger, P. Narimani, & R. M'Bayo (Hrsg.), *Forschungsethik in der qualitativen Forschung: Reflexivität, Perspektiven, Positionen* (S. 115–132). VS Verlag für Sozialwissenschaften: Wiesbaden.

Meier zu Verl, Christian, Meyer, Christian (2018). Probleme der Archivierung und sekundären Nutzung ethnographischer Daten. *RatSWD Working Paper, 267*, 80–89. Berlin: Rat für Sozial- und Wirtschaftsdaten. https://www.ratswd.de/dl/RatSWD_WP_267.pdf. Zugegriffen: 23. Mai 2019.

Narimani, P. (2014). Zustimmung als Prozess: Informiertes Einverständnis in der Praxisforschung mit von Ausweisung bedrohten Drogenabhängigen. In H. von Unger, P. Narimani, & R. M'Bayo (Hrsg.), *Forschungsethik in der qualitativen Forschung: Reflexivität, Perspektiven, Positionen* (S. 41–58). VS Verlag für Sozialwissenschaften: Wiesbaden.

RatSWD. (2007). Forschungsethische Grundsätze und Prüfverfahren in den Sozial- und Wirtschaftswissenschaften. Berlin: *Rat für Sozial- und Wirtschaftsdaten (RatSWD)*. https://www.ratswd.de/publikation/output-series/2323. Zugegriffen: 21. Juni 2019.

Reichertz, J. (2015). Wie mit Daten umgehen? *Soziologie, 44*(2), 186–202.

Rosenthal, G. (2011). *Interpretative Sozialforschung. Eine Einführung*. Weinheim: Juventa.

Roth, W.-M., von Unger, H. (2018). Current perspectives on research ethics in qualitative research. *Forum Qualitative Sozialforschung,19*(3), Art. 33. http://dx.doi.org/10.17169/fqs-19.3.3155. Zugegriffen: 21. Juni 2019.

Saunders, B., Kitzinger, J., & Kitzinger, C. (2015). Anonymising interview data: challenges and compromise in practice. *Qualitative Research, 15*(5), 616–632.

Steinke, I. (2010). Gütekriterien qualitativer Forschung. In U. Flick, E. von Kardorff, & I. Steinke (Hrsg.), *Qualitative Forschung. Ein Handbuch* (8. Aufl., S. 319–331). Reinbek: Rowohlt.

Strübing, J. (2018). Problem, Lösung oder Symptom? Zur Forderung nach Replizierbarkeit von Forschungsergebnissen. *Forschung & Lehre, 2*(18). https://www.forschung-und-lehre.de/zur-forderung-nach-replizierbarkeit-in-der-forschung-328/. Zugegriffen: 21. Juni 2019.

Strübing, J., Hirschauer, S., Ayaß, R., Krähnke, U., & Scheffer, T. (2018). Gütekriterien qualitativer Sozialforschung. *Ein Diskussionsanstoß. Zeitschrift für Soziologie, 47*(2), 83–100.

Tilley, L., & Woodthorpe, K. (2011). Is it the end for anonymity as we know it? A critical examination of the ethical principle of anonymity in the context of 21st century demands on the qualitative researcher. *Qualitative Research, 11*(2), 197–212.

van den Hoonaard, W. C. (2011). *The seduction of ethics. Transforming the social sciences*. Toronto: University of Toronto Press.

van den Hoonard, W. C. (2018). The vulnerability of vulnerability – why social science researchers should abandon the doctrine of vulnerability. In R. Iphofen & M. Toolich (Hrsg.), *The Sage Handbook of Qualitative Research Ethics* (S. 305–321). London: Sage.

von Unger, Hella (2018a). Archivierung und Nachnutzung qualitativer Daten aus forschungsethischer Perspektive. *RatSWD Working Paper, 267*, 91–99. Berlin: Rat für Sozial- und Wirtschaftsdaten. https://www.ratswd.de/dl/RatSWD_WP_267.pdf. Zugegriffen: 21. Juni 2019.

von Unger, H. (2018b). Forschungsethik, digitale Archivierung und biographische Interviews. In: H. Lutz, M. Schiebel & E. Tuider (Hrsg.), *Handbuch Biographieforschung* (S. 681–693). Wiesbaden: Springer VS.

von Unger, H. (2018c). Ethische Reflexivität in der Fluchtforschung. Erfahrungen aus einem soziologischen Lehrforschungsprojekt. *Forum Qualitative Sozialforschung, 19*(3), Art. 6. http://dx.doi.org/10.17169/fqs-19.3.3151. Zugegriffen: 21. Juni 2019.

von Unger, H., Dilger, H., Schönhuth, M. (2016). Ethikbegutachtung in der sozial- und kulturwissenschaftlichen Forschung? Ein Debattenbeitrag aus soziologischer und ethnologischer Sicht. *Forum Qualitative Sozialforschung, 17*(3). http://nbn-resol-ving.de/urn:nbn:de:0114-fqs1603203. Zugegriffen: 21. Juni 2019.

von Unger, H., Simon, D. (2016). Ethikkommissionen in den Sozialwissenschaften. Historische Entwicklungen und internationale Kontroversen. *RatSWD Working Paper,*

253. Berlin: Rat für Sozial- und Wirtschaftsdaten (RatSWD). https://www.ratswd.de/pub-likation/working-paper/1847. Zugegriffen: 21. Juni 2019.

von Unger, H. (2015). Qualitative Forschung/Forschungsethik/Streitpunkt: Digitale Archivierung. *Sozblog (Blog der Deutschen Gesellschaft für Soziologie) 16.08.2015.* http://soziolo-gie.de/blog/2015/08/qualitative-forschung-forschungsethik-streitpunkt-digitale-archivierung/. Zugegriffen: 21. Juni 2019.

von Unger, H. (2014). Forschungsethik in der qualitativen Forschung: Grundsätze, Debatten und offene Fragen. In H. von Unger, P. Narimani, & R. M'Bayo (Hrsg.), *Forschungsethik in der qualitativen Forschung: Reflexivität, Perspektiven, Positionen* (S. 15–39). Wiesbaden: VS Verlag für Sozialwissenschaften.

Warin, J. (2011). Ethical mindfulness and reflexivity: managing a research relationship with children and young people in a 14-year Qualitative Longitudinal Research (QLR) study. *Qualitative Inquiry, 17*(9), 805–814.

Dr. Hella von Unger ist Professorin für Soziologie mit dem Schwerpunkt „Qualitative Methoden der empirischen Sozialforschung" an der Ludwig-Maximilians-Universität München. Ihr Aufgabengebiet erstreckt sich auf Qualitative Methoden der empirischen Sozialforschung, Soziologie von Gesundheit und Krankheit sowie Ethnizität und Migration.

Vermeidung von Belastungen oder Verlust der Deutungshoheit?

Archivierung und Sekundärverwertung von Interviews mit Betroffenen sexualisierter Gewalt über ihre Erfahrungen – eine Expertise aus Betroffenensicht

Thomas Schlingmann

1 Einleitung und notwendige Vorbemerkungen

Die Vorstellung einer Sekundärverwertung qualitativer Daten ist im deutschsprachigen Raum verhältnismäßig neu. Die erste Schwerpunktnummer des Forum Qualitative Sozialforschung zum Thema trug den Titel „Text. Archiv. Re-Analyse" und erschien im Jahr 2000[1]. Beiträge aus Großbritannien (z. B. Corti 2000; Corti et al. 2000) und Dänemark (z. B. Fink 2000) befeuerten die deutsche Diskussion. In Folge gab das Bremer Archiv für Lebenslaufforschung (ALLF) eine Machbarkeitsstudie „Archivierung und Sekundärnutzung qualitativer Interviewdaten" in Auftrag, die 2005 abgeschlossen wurde (Medjedović 2011). Ebenfalls 2005 hatte das Forum Qualitative Sozialforschung den Schwerpunkt „Sekundäranalyse qualitativer Daten"[2]. Als sich in Folge das ALLF in eine bundesweit tätige Archivierungseinrichtung für qualitative

---

[1]Forum Qualitative Sozialforschung Vol. 1, Nr. 3, Dez. 2000.
[2]Forum Qualitative Sozialforschung Vol. 6, Nr. 1, Jan. 2005.

T. Schlingmann (✉)
Tauwetter, Beratungsstelle, Berlin, Deutschland
E-Mail: mail@tauwetter.de

Daten „Qualiservice"[3] umgewandelt wurde, war die Frage entschieden: Es ging nicht mehr darum, ob qualitative Daten archiviert werden sollten, sondern nur noch um das wie und wann. Konsequenterweise trägt die auf der Machbarkeitsstudie basierende, 2014 erschienene Monografie von Irena Medjedović den Titel „Qualitative Sekundäranalyse – zum Potenzial einer neuen Forschungsstrategie in der empirischen Sozialforschung", die Grenzen oder Risiken sind in den Hintergrund getreten. Sie sind zu Aspekten geworden, mit denen mittels konkreter technisch organisatorischer Ausführungsschritte umgegangen werden muss. Hirschauer weist 2014 aber darauf hin, dass vor „organisatorisch-praktischen Fragen" und „Fragen der Wahrung forschungsethischer Grundsätze" nach dem Sinn der Archivierung gefragt werden müsse. All dies sind insofern losgelöste Überlegungen, als dass sie die Frage, für welche Art und für welchen Inhalt eine Archivierung und Sekundärverwertung stattfinden soll, maximal streifen.

Explizite Beiträge aus der qualitativen Forschung zum Thema sexualisierte Gewalt zur Frage der Archivierung und Sekundärverwertung gibt es bisher nicht. Dies ist nicht erstaunlich, denn Angaben über sexualisierte Gewalt werden als Angaben über das „Sexualleben" angesehen und die Erhebung solcher Daten in personenbezogener Form ist grundlegend nach der EU-Datenschutzverordnung[4] Artikel 9 Abs. 1 untersagt:

> „Die Verarbeitung personenbezogener Daten, aus denen die rassische und ethnische Herkunft, politische Meinungen, religiöse oder weltanschauliche Überzeugungen oder die Gewerkschaftszugehörigkeit hervorgehen, sowie die Verarbeitung von genetischen Daten, biometrischen Daten zur eindeutigen Identifizierung einer natürlichen Person, Gesundheitsdaten oder Daten zum Sexualleben oder der sexuellen Orientierung einer natürlichen Person ist untersagt."

Absatz 2 regelt, dass dies nur dann nicht gilt, wenn „die betroffene Person … in die Verarbeitung der genannten personenbezogenen Daten für einen oder mehrere festgelegte Zwecke ausdrücklich eingewilligt,…". Ethikrichtlinien fordern zudem, dass diese Einwilligung die Form eines „informed consent", also eines wissentlichen Einverständnisses haben soll. Dies beinhaltet, über die Zielsetzung

---

[3]http://www.qualiservice.org/. Zugegriffen: 3. Juni 2019.
[4]https://www.datenschutz-grundverordnung.eu/grundverordnung/art-9-ds-gvo/. Zugegriffen: 3. Juni 2019.

und Tragweite der Forschung und den Umgang mit für die Forschung erhobenen Daten informiert zu werden und dies zu verstehen. Dies sind hohe Hürden und von daher scheint sich eine Archivierung und Sekundärverwertung von Interviews mit Betroffenen bei Forschung gegen sexualisierte Gewalt von vorneherein zu verbieten.

Gleichzeitig findet mit der geplanten Auswertung der an die Unabhängige Beauftrage Dr. Christine Bergmann von Betroffenen geschriebenen Briefe und Mails eine große Sekundärverwertung qualitativen Materials statt: Vom 28.05.2010 bis zum 31.08.2011 wurde insgesamt 17.565 mal bei der Telefonischen Anlaufstelle angerufen, es gingen ca. 3000 Briefe oder Mails ein, woraus sich ein verwertbarer Datensatz von 4725 telefonischen Gesprächsnotizen und 1575 schriftlichen Mitteilungen ergab (Fegert et al. 2011). Die Anrufe, Mails und Briefe wurden durch ein Forschungsteam ausgewertet, Ergebnisse fortlaufend in die politische Diskussion eingespeist, sodass von einem CIRS (Critical Incidence Reporting System) gesprochen werden kann (Rassenhofer et al. 2013). Die Rahmenbedingungen erlaubten es damals nicht, die Briefe und Mails qualitativ auszuwerten, das soll nun durch Teams der Kinder- und Jugendpsychiatrie der Uniklinik Ulm und des Sozialwissenschaftlichen Forschungsinstituts zu Geschlechterfragen Freiburg in enger Kooperation mit dem UBSKM erfolgen. Im Rahmen einer Machbarkeitsstudie wurden ausführlich ethische Fragen mit der zuständigen Ethikkommission diskutiert, von Autor*innen der Mails und Briefe Einverständniserklärungen für eine zweite Auswertung eingeholt und erste Fragen entwickelt (Rassenhofer et al. 2019).

Eine solche vertiefende Auswertung schon vorliegenden Materials unter Beteiligung der Erstauswerter*innen ist die bisher am meisten praktizierte Form der Sekundärverwertung (Medjedović 2014). Auch wenn sie oft nicht als Sekundärverwertung verstanden wird ist sie das im eigentlichen Sinne und ihr kommt die Rolle einer Türöffnerin für Sekundärverwertung insgesamt zu.

Es wird deutlich, dass sich die Forschung zu sexualisierter Gewalt dringend mit der Frage der Sekundärverwertung auseinandersetzen muss. Diese Diskussion muss die bisherigen Überlegungen und Umsetzungen von Archivierung und Sekundärverwertung qualitativen Materials aufnehmen und auf das konkrete Themenfeld bezogen weiterentwickeln.

Die BMBF Förderlinie „Sexualisierte Gewalt in pädagogischen Kontexten" wird durch das Verbundvorhaben ParPEM (Partizipation, Praxisbezug, Ethik und Monitoring) begleitet. Partizipation zählt zu den in den Richtlinien für die zweite Förderperiode festgelegten Zielen:

„Partizipative Forschungsansätze, bei denen von der Forschungsfrage betroffene Personen und Gruppen partnerschaftlich in den Erkenntnisprozess einbezogen werden, sind ausdrücklich erwünscht." (BMBF 2016).

Demzufolge muss die Diskussion um eine mögliche Sekundärverwertung von Interviews mit Betroffenen sexualisierter Gewalt mit allen Beteiligten geführt werden, und die Position von Betroffenen spielt dabei eine wichtige Rolle.

Die folgende Expertise versucht sich einer Sicht von Betroffenen sexualisierter Gewalt zu nähern, ob Interviews mit Betroffenen, in denen ihre persönlichen Gewalterfahrungen thematisiert werden, archiviert und eventuell später durch dasselbe oder ein anderes Forschungsteam unter einer neuen Fragestellung ausgewertet werden sollen. Es geht also nicht um die Sekundärverwertung von qualitativem Material in seiner ganzen Breite und im Themenfeld sexualisierte Gewalt insgesamt, sondern um einen Ausschnitt.

Um dieser Zielsetzung gerecht zu werden, muss herausgearbeitet werden, wie eine solche Betroffenensicht überhaupt begründet und konstruiert sein kann und welche Herangehensweise in der vorliegenden Arbeit umgesetzt werden kann. Diese Überlegungen ermöglichen, eine Betroffenensicht zu formulieren und auf dieser Basis, die bisherige Diskussion zum Thema und die darin aufgeworfenen Fragen zu reflektieren, letztendlich Fragen an eine mögliche Sekundärverwertung zu formulieren, eine Haltung zu den bisher entwickelten Konzepten ein zu nehmen und eigenen Vorschlag zu entwickeln.

Die Interpretation, Einordnung und Deutung sexualisierter Gewalt ist ein umkämpftes Feld: nicht nur konkurrieren verschiedene wissenschaftliche Vorstellungen miteinander, vielmehr sind es vielfältige gesellschaftliche Gruppen, von mehr oder wenig verdeckt auftretenden Täterschützer*innen wie einigen Väterrechtler[5] oder Verfechtern der False-Memory- Behauptung[6] über Männerrechtler[7] bis hin zu Rechtsextremist*innen[8], von Institutionen in denen sexualisierte Gewalt stattfindet, bis zu Betroffenenorganisationen und parteilichen Fachberatungsstellen, die um die Deutungshoheit kämpfen. Für Betroffene hat dieser Kampf eine sehr existenzielle Dimension, da er bereits in dem Moment

---

[5]Z. B. http://www.vaeterfuerkinder.de/glaubh.htm

[6]https://www.false-memory.de/fmd/wer-ist-false-memory-deutschland/

[7]Z. B. https://de.wikimannia.org/Falschbeschuldigung

[8]Z. B. https://www.npd-berlin.de/kundgebung-todesstrafe-fuer-kinderschaender/

beginnt, wo Täter(*innen) und Umfeld ihnen einreden, „es habe ihnen doch selber Spaß gemacht", „sie haben es selber provoziert", „es sei doch nicht so schlimm gewesen", etc. (vgl. Enders 2001 oder Bange und Schlingmann 2016). Es ist deshalb sinnvoll, einer Gepflogenheit nach zu kommen, die sich auch in anderen Kontexten im Versuch einen herrschaftskritischen und machtreflexiven Diskurs zu führen, als hilfreich erwiesen hat und die je eigene Sprecher*innenposition kenntlich zu machen.

Der Autor ist männlich sozialisiert und lebt als weißer CIS-Mann in Berlin. Er hat in Forschungsprojekten zum Thema männliche Betroffene sexualisierter Gewalt mitgearbeitet und wiederholt versucht, selbstorganisierte Forschungsprojekte zu initiieren. In den letzten Jahren hat er sich verstärkt auf bundespolitischer Ebene engagiert, u. a. im Beirat des UBSKM, in der Bund-Länder-NGO-Arbeitsgruppe des BMFSFJ oder dem Fachstellenrat der Bundeskoordinierungsstelle spezialisierter Fachberatung (BKSF).

Er hat eine Ausbildung als Traumafachberater bei Zartbitter Köln und ein Psychologiestudium an der FU-Berlin absolviert. In letzterem hat er die Kritische Psychologie Holzkampscher Prägung kennen gelernt. Er war beteiligt an der Entwicklung des „betroffenenkontrollierten Ansatzes" in der Arbeit von und mit Gewaltbetroffenen sowie in federführender Funktion des Modells der Bedeutung sexualisierter Gewalt[9].

Er hat zahlreiche Fachartikel insbesondere zu Männlichkeitskonstruktionen und sexualisierte Gewalt, aber auch zum Thema Forschung veröffentlicht[10].

Der Autor hat zusammen mit anderen 1995 die Berliner Anlaufstelle Tauwetter, für Männer*, die in Kindheit oder Jugend sexualisierter Gewalt ausgesetzt waren, gegründet. In dieser Fachberatungsstelle ist er bis heute u. a. in der Beratung, der Selbsthilfegruppenbegleitung, und im Fortbildungsbereich tätig.

Der Autor ist selber als Junge durch seinen Vater und später als Jugendlicher und Heranwachsender durch andere Männer sexualisierter Gewalt ausgesetzt gewesen und hat in den frühen 90er Jahren begonnen diese Widerfahrnisse in Selbsthilfegruppen zu bearbeiten.

---

[9]Siehe auch gleichnamiges Kapitel.

[10]Zahlreiche von denen sind unter https://www.tauwetter.de/de/anlaufstelle/publikationen. html zu finden.

2   Annäherungen

2.1   Erste Eingrenzung

Zur Eingrenzung des Begriffs Sekundäranalyse bezieht sich Medjedović auf Janet Heaton:

> „Secondary analysis is a research strategy which makes use of pre-existing quantitative data or pre-existing qualitative research data for the purposes of investigating new questions or verifying previous studies." (Heaton 2004, S. 16 nach Medjedović 2014)

Während automatisch dabei an eine Verwertung durch eine neue Forschungs-gruppe gedacht wird, kann eine Sekundäranalyse auch durch diejenigen erfolgen, die die Daten erstanalysiert haben. Normalerweise geschieht dies mit einer neuen Forschungsfrage, die sich oftmals aus der ersten Auswertung ergeben hat. Die Auswertung von Material durch eine neue Forschungsgruppe, aber unter der gleichen Fragestellung wird als Re-Analyse bezeichnet, sie wird teilweise im Zuge einer Validierung qualitativer Ergebnisse angedacht (Medjedović 2014).

In der Diskussion um die Sekundärverwertung qualitativer Daten geht es primär um Interviews. Es stellt sich von daher als erstes die Frage, ob diese Interviews überhaupt als Daten, die sekundärausgewertet werden können, zu betrachten sind. Die DGS – Sektionen für Biografieforschung und qualitative Methoden bemerkten dazu kritisch:

> „Die Forderung nach einer generalisierten Datenarchivierung auch für qualitative Daten setzt einen Begriff des Datums (als dekontextualisierbares Sinnquantum vor jeder Analyse) voraus, der für das Gros der qualitativen Sozialforschung unzutreffend ist." (DGS-Sektionen Biographieforschung und Methoden der Qualitativen Sozialforschung (2014)).

Diese Grundsatzdiskussion ist aber inzwischen offensichtlich in den Hinter-grund getreten, denn Vorstand und Konzil der Deutsche Gesellschaft für Sozio-logie (DGS) haben in einer Stellungnahme vom Januar diesen Jahres lediglich allgemein festgehalten: „Nicht alle wissenschaftlich erhobenen Forschungsdaten können einer Nachnutzung zugänglichgemacht werden."(2019). Anschließend haben sie Bedingungen für eine Archivierung und Sekundärverwertung benannt.

Auch wenn es prinzipiell sinnvoll ist, die Frage der Sekundärverwertung auf die jeweilige Forschungsfrage bezogen zu erörtern, lohnt es sich kurz an der aufgeworfenen wesentlich grundlegenderen Frage zu verweilen: Eine

Sekundärverwertung von qualitativen Daten impliziert, dass es von Betroffenen losgelöste Daten gibt, die von Wissenschaftler*innen ausgewertet werden können. Diese Vorstellung stammt aus der quantitativen Forschung, wo über große Gruppen aggregierte Daten vorliegen, in denen die Einzelperson verschwindet. Es werden nicht die einzelnen Fragebögen aufgehoben, sondern es werden Summen gebildet und gespeichert. Dem entspricht in der qualitativen Forschung die Auswertung, in der durch Interpretation Kategorien und Codes, die von der einzelnen Person abstrahieren, gewonnen werden.

Hirschauer stellt das folgendermaßen dar:

> „Der Datenbegriff im Wort Datenarchivierung setzt einen Forschungsprozess voraus, den es in den meisten Fällen qualitativer Sozialforschung so gar nicht gibt. Dieser Prozess trennt eine bloße Erhebung und Aufbereitung von Daten von deren Analyse und Interpretation. Solche sinnarmen Daten kann man tatsächlich leicht archivieren, das heißt, dekontextualisieren. Das Gros der qualitativen Sozialforschung stellt dagegen ihre Daten erst durch ihre Analysen her." (2014, S. 305)

Wenn also das Prinzip der Sekundärverwertung von der quantitativen Forschung auf die qualitative Forschung übertragen werden soll, müssten analog der quantitativen Forschung die Korrelate der entpersonalisierten und dekontextualisierten Daten archiviert werden, also die in der Auswertung erarbeiteten Kategorien und Codes der qualitativen Forschung.

Die Diskussion dreht sich aber um etwas anderes: Transkripte am liebsten sogar Live- Mitschnitte. Louise Corti, leitende Mitarbeiterin bei Qualidate, dem englischen ESRC Qualitative Data Archival Resource Centre bringt es wie folgt auf den Punkt:

> "In terms of the potential of a qualitative dataset for re-use, the ideal is to retain the original tape recordings. There is really no substitute for listening to people's own words—a transcription is a subjective interpretation of the real-life conversation." (Corti 2000, o.S.)

Und mit einem zwischen den Zeilen spürbaren Bedauern fährt Corti fort.

> "However, in reality, it is often not possible to archive audio-tapeswhere the material is of a "sensitive" nature, without imposing either restrictedaccess, a period of closure and/or retrospective permission from participants." (Corti 2000, o.S.)

Es findet also eine gewissen Verschiebung beim Transfer der Idee einer Sekundärverwertung von der qualitativen zur qualitativen Forschung statt: Statt entpersonalisierter und dekontextualisierter Daten sollen jetzt persönliche Interviews mit möglichst viel Kontext archiviert werden. Dies wirft aber eine Reihe von neuen Fragen auf:

2.2 Die Eigentumsfrage

Wessen „Eigentum" ist eigentlich ein Interview? Gehört es den Forscher*innen oder den Interviewten? Und gibt es da Unterschiede bezüglich des Inhalts des Interviews? Werden die persönlichen Erfahrungen eines Betroffenen sexualisierter Gewalt verwertbares Eigentum der Forscher*innen durch ein Interview?

Für den Rat für Sozial- und Wirtschaftsdaten ist diese Frage offensichtlich schon beantwortet:

> „Die Entscheidung, ob und wie Forschungsdaten für Sekundäranalysen genutzt werden können – etwa zur Prüfung publizierter Ergebnisse, Nutzung für mehr oder weniger stark von der Primärnutzung abweichenden Forschungsfragen – sollte von Primärforschenden, Gutachtenden und Förderinstitution gemeinsam im Prozess der Projektentwicklung und -begutachtung nach Möglichkeit vor Beginn eines Forschungsvorhabens, spätestens aber bei Projektabschluss getroffen werden." (RatSWD 2015, o.S.)

Von denjenigen, die ein Interview gegeben haben, ist hier nicht die Rede. Medjedović schreibt zum Verhältnis von Forscher*innen zu Daten:

> „Konfrontiert mit der Idee, Daten für die Sekundäranalyse bereitzustellen, stellt sich bei den befragten Forschern und Forscherinnen unmittelbar das Gefühl ein, dass ein gewohntes Recht, nämlich das alleinige Zugriffs- und Verfügungsrechts über „ihre" Daten in Frage gestellt werde." (2014, S. 125)

Sie stellt eine Angst vor einem „Kontrollverlust" seitens der Primärforschenden fest, der sich aber „recht schnell" lösen lässt:

> „In Verträgen lässt sich einerseits ein Preis für die gewünschten Daten vereinbaren, der als Beteiligung an den Kosten der Erhebung angesehen werden darf. Andererseits ist in Verträgen auch die Festlegung des Empfängers bzw. der Empfängerin auf genau definierte Verwendungszwecke möglich, ebenso der ausdrückliche Ausschluss anderer Nutzungen wie der Weiterverkauf an Dritte." (2014, S. 43)

Medjedović fasst zusammen:

> „Forschende definieren ihr Verhältnis zu den Daten demnach als (privates) Eigentumsverhältnis." (2014, S. 126)

Eine Position, die sie durchaus in Frage stellt, wenn sie festhält, dass durch öffentliche Finanzierung entstandene Gelder Daten ja auch als „allgemein zugängliches, gesellschaftliches Gut" (2014, S. 126) verstanden werden könnten. Wer in dieser Erörterung allerdings nicht auftaucht sind die Betroffenen. Sie werden auf Datenlieferanten reduziert, die vor allem ein datenschutzrechtliches Problem aufwerfen, das zum Glück lösbar ist.

> „Wie uns heute sehr geläufig ist, nachdem Datenschutz täglich in sämtlichen öffentlichen Medien Thema ist, liegt die Lösung traditionell in der (faktischen) Anonymisierung der Daten." (2014 S. 44)

Faktische Anonymisierung meint dabei die Pseudonymisierung eines Interviews (Kreutzer 2013).

Auch aus Sicht der Archivierenden geht es in erster Linie um die Sorgen der Primärforscher*innen:

> „In diesem Bereich war es sehr wichtig für die Arbeit des Archivs, auf Bedenken und Widerstände seitens der ForscherInnen einzugehen und gemeinsam und fallspezifisch Lösungen zu erarbeiten." (Smioski 2013, o.S.)

In dieser Diskussion scheint alles klar: Betroffene sind Lieferanten von Daten, die mit der Lieferung in das Eigentum der Forscher*innen übergehen.

Dies entspricht vielleicht dem Selbstverständnis mancher Wissenschaftler*innen, keineswegs aber der Gesetzeslage: In einem Artikel mit der Überschrift „Wem gehören Forschungsdaten?" stellt Linda Kuschel klar:

> „Ein "Eigentum an Daten" existiert (jedenfalls noch) nicht. Allerdings können Forschungsdaten unter Umständen urheberrechtlichen Schutz genießen, Gegenstand vertraglicher Absprachen sein und datenschutzrechtlichen Bestimmungen unterfallen." (2018)

Kuschel beschäftigt sich ebenfalls primär mit den Rechten von Forscher*innen und vorrangig mit quantitativen Daten, ihre Ausführungen sind aber dennoch aufschlussreich: Sie betont dass das Urhebertum eine gewisse „schöpferische Tiefe" verlangt, die erst durch eine bestimmte Darstellung von Daten oder eben durch die Verarbeitung entsteht. Es geht eben um den Schutz des geistigen Eigentums eines (oder mehrerer) Urheber*innen[11]. Dies wirft die Frage auf, wer in einer Interviewsituation eine geistige Leistung von einer gewissen schöpferischen Tiefe vollbringt. Bei einem Interview mit eine*r Betroffenen sexualisierter Gewalt dürfte dies primär der*die Betroffene sein, eventuell je nach Interviewtyp noch die*r Frager*in. Das Interview ist also das geistige Eigentum entweder nur des*r Betroffenen oder beider zusammen.

Im Zuge des Interviews wird den Betroffenen eine mehr oder weniger ausführliche und mehr oder weniger verständliche Einwilligungserklärung zum Unterschreiben vorgelegt. Damit erhält im Regelfall der*die Forscher*in ein Nutzungsrecht für die Auswertung des Interviews für das Forschungsvorhaben. Das ist beinhaltet keine Abtretung des Urheberrechtes. Eine Entscheidung, ob und in welcher Form Interviews für Sekundäranalysen genutzt werden, kann also ohne Einbeziehung der Betroffenen schon aus urheberrechtlicher Sicht nicht stattfinden – von ethischen und datenschutzrechtlichen Vorgaben ganz zu schweigen. An einen „informed consent" zur Sekundärverwertung von Interviews sind also dreierlei Gründen sehr hohe Ansprüche zu stellen, aus urheberechtlichen, aus ethischen und aus datenschutzrechtlichen Gründen.

Schon geringere Ansprüche haben Hopf eine klare Schlussfolgerung ziehen lassen:

> „Die untersuchten Personen müssen um ihr Einverständnis gebeten werden; dies folgt aus dem Prinzip der informierten Einwilligung und auch aus dem informationellen Selbstbestimmungsrecht. Und es muss abgesichert sein, dass die Daten wirklich keine Hinweise auf den organisationalen und regionalen Kontext enthalten. Bei organisationsbezogenen und regional bezogenen qualitativen Projekten dürfte dies besonders schwer zu realisieren oder unmöglich sein. Man sollte deshalb in der qualitativen Forschung der Aufforderung, Textdateien zur zentralen Archivierung und Weitergabe zur Verfügung zu stellen, mit Vorsicht und Skepsis begegnen." (2000)

2.3   Eliminierung des Betroffenenstandpunkts?

Davon losgelöst stellt sich die Frage, ob der Gedanke eines durch „faktische" oder „absolute Anonymisierung" (Kretzer 2013) von der Person und dem Kontext losgelösten Interviewtranskriptes, das später frei zur Sekundärverwertung zur

---

[11]Vgl. Gesetz über Urheberrecht und verwandte Schutzrechte – Urheberrechtsgesetz. Verfügbar unter https://www.gesetze-im-internet.de/urhg/BJNR012730965.html#BJNR012730 965BJNG000401377. Zugegriffen 3. Juni 2019.

Verfügung steht, nicht einhergeht mit der Verabschiedung von allen Konzepten von Forschung vom Subjektstandpunkt[12] oder auch nur Forschung zum Subjektstandpunkt[13]. Die Subjektperspektive ist aber für die der Expertise zugrunde liegende Frage zentral: Es geht eben um die subjektive Sicht und das subjektive Erleben sexualisierter Gewalt, warum sonst werden persönliche Interviews geführt. Und dies mit der Zielsetzung, sexualisierte Gewalt zu bekämpfen und die Situation von Betroffenen zu verbessern.

Markard (2017, S. 234 ff) sieht drei Bedingungen als „Ex-negativo-Minimalprogramm subjektwissenschaftlicher Forschung":

- „Sowohl objektive Bestimmtheit als auch subjektive Bestimmung menschlicher Existenz müssen berücksichtigt werden". Das bedeutet, dass Menschen sowohl den Verhältnissen in denen sie leben unterworfen sind, als auch diese (mit)gestalten. Zu einer Verbesserung der Lebenssituation beizutragen bedeutet, dies herauszuarbeiten und auf eine Veränderung zugunsten der Betroffenen hinzuarbeiten.
- „Dies schließt natürlich eine gewisse Symmetrie zwischen den an der Forschung Beteiligten ein, die zum Forschenden-Mitforschenden-Verhältnis zu entwickeln ist." Partizipation also als reale Zusammenarbeit auf Augenhöhe, damit eine Verbesserung der Lebenssituation überhaupt möglich wird. Holzkamp (1985) hat dafür den Begriff der „intersubjektiven Verständigung" geprägt.
- „Die inhaltliche Bedeutungshaftigkeit der menschlichen Welt- und Selbstbegegnung ist zu berücksichtigen, …" Es geht um die Einordnung der Forschung, um Vorannahmen, die expliziert werden müssen, und das zusammen mit den Mitforschenden, d. h. den Betroffenen.

Alle drei Minimalbedingungen sind unter der Vorgabe der Sekundärauswertung eines von Person und Kontext losgelösten Interviews nicht realisierbar.

---

[12]Siehe z. B. Holzkamp „Methodologische Prinzipien aktualempirischer Forschung auf der Grundlage des historischen Paradigmas psychologischer Wissenschaft" in ders. (1985) oder ders. 1996 „Psychologie: Selbstverständigung über Handlungsbegründungen alltäglicher Lebensführung".

[13]Ittner 2016 erachtet eine Forschung vom Subjektstandpunkt unter gegebenen Umständen für nicht durchführbar und schlägt deshalb den Terminus einer Forschung zum Subjektstandpunkt für eine Forschung vor, die versucht sich diesem Ideal zu nähern.

Aber auch partizipative Forschung in der Gesamtheit ist damit in Frage gestellt:

> „In der partizipativen Forschung sind Akteure aus den Lebens- und Arbeitswelten, die erforscht werden, auf besondere Weise beteiligt: Sie werden zu Partner/innen im Forschungsprozess, das heißt sie forschen, bestimmen und verwerten aktiv mit. Als Co-Forscher/innen sind sie an allen Phasen des Forschungsprozesses (von der Zielsetzung über die Wahl des Studiendesigns, die Datenerhebung und Datenauswertung bis zur Verwertung) gleichberechtigt beteiligt." (von Unger 2014, S. 35)

Auch wenn keine generelle Einverständniserklärung zur Sekundärverwertung (broad consent) als Vorgehen gewählt wird, sondern nur eine Genehmigung für das Speichern und ggf. ein späteres nochmaliges Einholen einer Einverständniserklärung für ein konkretes Forschungsprojekt (informed consent) angestrebt wird, ist eine Partizipation im obigen Sinne bei Sekundärverwertung nicht machbar. Bei der Sekundärverwertung eines gegebenen Interviews ist eben kein aktives „forschen, bestimmen und verwerten" durch Betroffene vorgesehen. Wenn die in der Förderlinie angestrebte und vom BMBF geforderte Partizipation sich nicht auf die „Vorstufen der Partizipation" (Wright et al. 2010) beschränken will, steht sie im Widerspruch zum Gedanken der Sekundärverwertung.

2.4   Methodische Überlegungen

Die bisher angestellten Vorüberlegungen machen deutlich, dass in die Expertise, sowohl grundlegende Gedanken zur Sekundärverwertung qualitativer Daten einzubeziehen sind, wie auch konkrete Überlegungen zu einer Archivierung und Sekundärverwertung von Interviews mit Betroffener sexualisierter Gewalt anzustellen sind. Es muss aber noch ein weiterer Aspekt geklärt werden: Was meint der Begriff „Betroffensicht" und wie kann eine solche ermittelt werden.

Möglichkeiten der Ermittlung von Betroffensicht

Die Frage nach der Betroffensicht basiert auf der Erkenntnis, dass es in Forschung geboten ist, die Beforschten nicht durch die Forschung zu schädigen. Eine solche Schädigung könnte bei Betroffenen sexualisierter Gewalt passieren, wenn die Betroffenen erneut erleben, dass über sie entschieden wird, ohne sie einzubeziehen. Aufgrund dieser Gedanken, die u. a. in der Bonner Ethikerklärung (Poelchau et al. 2015) festgehalten wurden, ist das Memorandum Partizipative Forschung (Bahls et al. 2016) entstanden. Es gilt demzufolge die Betroffensicht immer dann einzubeziehen, wenn Betroffene tangiert werden. Dies ist bei der Sekundärverwertung von Interviews mit Betroffenen der Fall.

Dabei geht es nicht um die Sichtweise einzelner Betroffener, sondern um eine für die Gesamtgruppe der Betroffenen zutreffende Sicht zu bestimmten Fragen. Die Gruppe der Betroffenen sexualisierter Gewalt ist nun aber keine Gruppe, die über ein eindeutiges Merkmal definiert ist, vielmehr geht es um eine Gruppe, die einem bestimmten Gewaltwiderfahrnis ausgesetzt war, was – um es zusätzlich zu verkomplizieren – nicht eindeutig definiert ist. Um Aussagen, über eine solche heterogene, nicht klar abgegrenzte Gruppe, ihre Bedürfnisse und Vorstellungen zu treffen, muss von der Vielzahl der individuellen Meinungen verallgemeinert werden. Es geht also um eine verallgemeinerte Betroffensicht.

2.5 Quantitative und qualitative Methoden der Verallgemeinerung

[14]Als Verallgemeinerungsmethode ist im öffentlichen und auch in weiten Teilen des wissenschaftlichen Diskurses die quantitative Methode dominant. Als allgemeingültig gilt, was für den Durchschnitt oder die Mehrheit einer Gruppe gilt. Dabei kann ein unterschiedlich breites Varianzintervall angesetzt werden, es wird aber immer eine verschieden große Gruppe von Ausreißern geben, die aus der Mehrheit rausfallen.

Ein solches Vorgehen zur Ermittlung einer verallgemeinerten Betroffensicht verbietet sich bei der vorliegenden Fragestellung allerdings aus ethischen Gesichtspunkten. In der Bonner Ethikerklärung (Poelchau et al. 2015) ist betont worden, wie wichtig das Prinzip des „nicht Schaden Wollens" für die Forschung zu sexualisierter Gewalt ist. Bei diesem Prinzip ist nicht die Wahrscheinlichkeit einer Schädigung einer rechnerisch ermittelten Durchschnittsperson leitend, sondern die Vermeidung einer Schädigung jeder einzelnen Person. Aus diesem Grund formuliert z. B. die Bonner Ethikerklärung die Notwendigkeit der Bereithaltung von Unterstützungsangeboten, auch wenn klar ist, dass diese nur von einer Minderheit benötigt werden (Poelchau et al. 2015).

---

[14]Die folgenden Anmerkungen insbesondere die Betonung der Notwendigkeit eines subjektwissenschaftlichen Vorgehens beziehen sich auf die Entwicklung einer verallgemeinerten Betroffensicht. Es gibt durchaus andere Bereiche in der Forschung gegen sexualisierte Gewalt, bei denen andere Vorgehensweisen angemessen sein können. Es geht um das Primat der Gegenstandsangemessenheit.

Es ist eine nicht ausreichende Berücksichtigung des Einzelfalles in der quantitativen Forschung, die diese für die Ermittlung einer Betroffenensicht bei Fragen, die potenzielle Schädigungen betreffen, ungeeignet macht. Es lässt sich aber auch wesentlich grundsätzlicher festhalten:

„Das Problem experimentell-statistisch verfahrender sozialwissenschaftlicher und psychologischer Ansätze besteht nun weiter darin, dass im Vollsinne der Erfahrungs- begriff nur für die wissenschaftlich Arbeitenden gilt, während die Erfahrung der Untersuchten methodisch reguliert bis – mit Adorno gesagt – »annulliert« (1972, 69) wird – oder mit Marx formuliert: das » Zeugnis der Sinne …zur Sinnlichkeit der Geometrie« verkürzt wird (1953, 330)." (Markard 2007, S. 5).[15]

Genau die Erfahrung Opfer sexualisierter Gewalt geworden zu sein, ist es aber, was die Gruppe der Betroffenen definiert. Ein Vorgehen, was dies ignoriert, ist eine contradictio in adjecto.

Die qualitative Forschung trifft Verallgemeinerungen nicht mittels statistischer Berechnungen, sondern indem sie versucht, die Bandbreite möglicher Antworten oder Verhaltensweisen aufzuzeigen. Interviews ermöglichen es zudem, die einzel- nen Betroffenen wesentlich genauer und tiefgehender zu befragen, als dies in Fragebögen mit zwecks Vergleichbarkeit standardisierten Items möglich ist.

Die anschließend eingesetzten Auswertungsmethoden, egal ob eher inhalts- analytisch oder hermeneutisch orientiert, beinhalten aber immer, dass die Analyse der vorliegenden Interviews oder des anderen Materials von einer oder mehreren Forschenden (ohne die Betroffenen) durchgeführt wird. Sie interpretieren die Aussagen und werten auf diese Weise die Interviews aus. Die individuellen Erfahrungen der Betroffenen werden im Grunde erst durch die Arbeit der Forschenden zu einem Teil von allgemeinem gültigem Wissen. Die statistische Aggregation von Ergebnissen bestimmter Items über Fragebögen hinweg wird gewissermaßen durch den Prozess der Auswertung und Interpretation ersetzt. Auch hier handelt es sich also um eine Forschung vom Drittstandpunkt, die eine Entmündigung von Betroffenen beinhaltet. (Schlingmann 2020/i. E. a) Erst durch Rückkopplungsschleifen und Partizipation ändert sich daran etwas. Gerade dieser

---

[15]In derselben Ausgabe des Journal für Psychologie, in dem der Artikel von Morus Markard erschienen ist, ist übrigens auch ein Beitrag von Irena Medjedović mit dem Titel „Sekundäranalyse qualitativer Interviewdaten – Problemkreise und offene Fragen einer neuen Forschungsstrategie" erschienen. Aus meiner persönlichen Sicht als Betroffener würde ich mir mehr Auseinandersetzung mit anderen wissenschaftlichen Positionen wünschen, die auch nach außen sichtbare Ergebnisse zeigt.

Aspekt der Interpretation der Rohdaten in Form von Interviewtransskripten, um allgemeingültiges Wissen zu produzieren, spielt in der Diskussion um eine mögliche Sekundärverwertung aber eine nicht zu unterschätzende Rolle: Heimlich hoffen (oder befürchten) nicht wenige, dass eine zweite Auswertung des Material durch die Hintertür so etwas wie eine Überprüfbarkeit der Forschungsergebnisse im Sinne einer Interrater- Reliabilität schaffen könnte (vgl. Medjedović 2014 S. 59 ff. oder Corti 2000). Die Interpretation durch die Forschenden konstruiert die Realität, die in den Ergebnissen abgebildet werden soll, eine Re-Analyse würde also diese Konstruktionstätigkeit auf den Prüfstand stellen. Wenn diese Vorstellung dazu beitragen würde, die eigene Interpretation stärker zu reflektieren, wäre dies durchaus zu begrüßen, denn Müller und Witek fassen (2015) zusammen:

> „So bemerken Martin Fuchs und Eberhard Berg (1999) zum Diskurs der ethnografischen Interpretation der Ethnologie, dass sich eine solche ‚Beobachtung der Beobachter' „häufig allein auf die Vorgänger im Fach und auf deren Tun" beziehe, während „die eigene Repräsentationspraxisaußen vor" (Fuchs und Berg 1999, S. 20 f.) bleibe. So gesehen „bleibt […] für die qualitative Forschung die Subjektivität insbesondere der Forschenden ein sperriges und irritierendes Phänomen" (Mruck und Mey 1998, S. 285), das aus Angst vor einer Verdächtigung der ‚Unwissenschaftlichkeit' in eine „die Schweigsamkeit der wissenschaftlichen Subjekte" mündet (vgl. Mruck und Mey 1998, S. 284 ff.), die in Publikationen häufig die Gestalt einer mit den Etiketten einschlägiger Interpretationsmethoden verzierten „black box" annimmt." (S. 69)

Leider ist aber zu befürchten, dass ein solcher Reflexionsprozess sich auf eine Diskussion der benannten Interpretationsmethoden reduzieren würde und die Frage, welche Akteure in welchen Kontexten, mit welchen Zielen, welches Wissen produzieren nicht thematisiert würde.

Die Position der Beforschten im Forschungsprozess in der qualitativen wie in der quantitativen Forschung bleibt die von Datenlieferanten, aus deren Erfahrungen durch die Tätigkeit der professionellen Wissenschaftler*innen allgemeingültiges Wissen wird. Das ist nicht per se verwerflich – wenn es um Betroffene sexualisierte Gewalt geht, aber fatal. Die individuelle Betroffensicht steht zwar am Anfang des Prozesses, am Ende ist sie aber verschwunden. So verschwinden die Betroffenen selber und werden durch ein von den Forscher*innen gezeichnetes Bild ersetzt.

Adele Clarke hat Argumenten von Forscher*innen, dass sie auf diese Weise aber doch Betroffenen eine Stimme geben würden, geantwortet:

„Die Vorstellung einer Stimme Gehör zu verschaffen ist naiv. Alle Forschungsberichte sind Forscher*innenberichte." (2012S. 57)

Es stellt sich also die grundlegende Frage, ob von einem Drittstandpunkt überhaupt hinreichend Aussagen über eine Betroffenensicht getroffen werden
können, die über die Darstellung der Erscheinungsebene hinausgehen. Es gibt
eine systembedingte Grenze in der Erfassung subjektive Handlungsgründe mit
„objektiver" Forschung. Diese Begrenzung wird nicht durch die Einbeziehung
zusätzlicher Aspekte oder Faktoren aufgehoben, sondern nur durch eine Veränderung des Forschungsstandpunktes, durch eine Forschung, die vom Subjektstandpunkt ausgeht[16].

Die entscheidende Frage für die Ermittlung einer verallgemeinerten
Betroffenensicht ist also nicht die Frage ob quantitative oder qualitative
Methoden dafür verwendet werden, sondern ob es sich um ein subjektwissenschaftliches Vorgehen oder ein Vorgehen vom Drittstandpunkt aus handelt. Wie
aber soll aus der Fülle der subjektiven Erfahrungen in der subjektwissenschaftlichen Forschung etwas allgemeiner Gültiges entstehen?

2.6   Verallgemeinerung in subjektwissenschaftlichen Ansätzen

Holzkamp hat sich ausführlich mit Fragen der Verallgemeinerbarkeit einer
Forschung vom Standpunkt des Subjektes aus beschäftigt und den Begriff der
„wissenschaftlichen Metasubjektivität" eingeführt:

„Die wissenschaftliche Objektivierung kann hier also nur eine solche des intersubjektiven Verständigungsrahmens sein: Der *Verständigungsrahmen selbst* muss
durch die Forschungsaktivität in Richtung auf die *wissenschaftliche Nachprüfbar-
keit/Geltungsbegründung/Verallgemeinerbarkeit* der Forschungsresultate, also (…)
sozusagen auf dem Niveau *wissenschaftlicher > Metasubjektivität <, die die intersubjektive Beziehung zwischen Forscher und Betroffenen einschließt und übersteigt,*
entwickelbar sein" (Holzkamp 1985, S. 541)

---

[16]Siehe Fußnote 11 oder Markard 2017.

Die subjektive Sichtweise wird im Forschungsprozess mittels intersubjektiver Verständigung überschritten und aufgehoben. Durch das gemeinsame Herausarbeiten von Handlungsgründen werden Bedingungen, Bedeutungen, Prämissen und Ziele nachvollziehbar und so der Geltungsbereich der jeweiligen Begründungsmuster deutlich. Dieser Prozess der intersubjektiven Verständigung findet zwischen Forscher*innen und betroffenen Mitforscher*innen statt, was ein gemeinsames Forschungsinteresse voraussetzt.

„Gegenüber dem nomothetischen Verständnis müssen psychologische Theorien als Theorien zur Selbstverständigung von Menschen gefasst werden, und diese müssen weitest möglich als Mitforschende gedacht und behandelt werden, d. h. ihre Erfahrungen müssen im Vollsinne zur Geltung kommen. Fallbezogen, wie Prämissen- Gründe-Zusammenhänge sind, enthalten sie keine Feststellungen zu Häufigkeit bzw. Verbreitung der in ihnen behandelten Phänomene. Subjekte existieren zwar im Plural, aber nicht im Durchschnitt. [...] Einzelfälle können zueinander ins Verhältnis gesetzt, aber nicht gegeneinander »verrechnet« werden. Es sind die individuellen Spezifikationen, die interessieren, nicht die Nivellierungen des Durchschnitts. Die einzelnen, subjektiven Fälle sind keine Abweichungen, sondern der Gedanke der Abweichung weicht selber ab vom Gedanken der Subjektivität. Verallgemeinerungsmöglichkeiten liegen demnach nicht in zentralen Tendenzen, sondern in der Herausarbeitung gesellschaftlich vermittelter und gesellschaftlich eingreifender Handlungsmöglichkeiten." (Markard 2007, S. 12)

Subjektwissenschaftliche Forschung orientiert sich also an einem Modell von Verallgemeinerungen, das auf Handlungsmöglichkeiten in bestimmten Situationen zielt. Unter dem Oberbegriff „Selbstverständigung über Handlungsbegründungen alltäglicher Lebensführung" (Holzkamp 1996) wurden dazu in der Kritischen Psychologie Vorgehensweisen entwickelt.[17]

Zur Ermittlung einer verallgemeinerten Betroffensicht bietet sich ein solches subjektwissenschaftliches Vorgehen aus mehreren Gründen an:

- Es ermöglicht eine Verallgemeinerung, die weder einzelne Betroffene ausschließt, noch sie einer Interpretation durch Dritte unterwirft.
- Es ermöglicht eine Orientierung auf eine konkrete Verbesserung der Lebenssituation durch Aufzeigen von Handlungsmöglichkeiten.

---

[17]Die derzeitigen Möglichkeiten eines auf diesen Prinzipien basierenden, subjektwissenschaftlichen Vorgehens werden am Beispiel eines Versuches selbstorganisierter/ betroffenenkontrollierter Forschung in Schlingmann (im Druck a) erörtert.

- Es stellt eine Selbstermächtigung Betroffener dar, die es ermöglicht, institutionell verankerten, professionellen Wissenschaftler*innen auf Augenhöhe zu begegnen.

Eine solche subjektwissenschaftliche Forschung gibt es im Themenfeld sexualisierte Gewalt nicht, obwohl sich dieser Bereich aus inhaltlichen Gründen dafür geradezu anbieten würde.

Subjektwissenschaftliche Forschung erfordert allerdings einen Zugang zu den dafür benötigten Ressourcen, nicht nur aufseiten der professionellen Wissenschaftler*innen, sondern auch aufseiten der Betroffenen. Genau ein Mangel von psychischen oder materiellen Ressourcen aufseiten der Betroffenen ist es aber, der zur Ausübung der sexualisierten Gewalt ausgenutzt wurde: ob dies das Ausnutzen von Bedürfnissen ist oder das Ausnutzen von fehlendem Wissen oder die Möglichkeit, mit Gewalt zu drohen, bzw. diese einzusetzen, all das sind Ressourcen, die den Täter(*innen)[18] zur Verfügung stehen und den Opfern nicht (Enders 2001). Durch die sexualisierte Gewalt wird im Regelfall dieser Mangel an Verfügung über benötigte Ressourcen verstärkt. Das kennzeichnet die Betroffenenposition auch später. Selbst wenn durch persönliche Bearbeitung der Zugang zu psychischen Ressourcen verbessert ist, hat sich am Zugang zu gesellschaftlichen Ressourcen noch nichts geändert (Mosser 2011).

Es ist wichtig, sich den Unterschied zwischen psychischen Ressourcen und materiellen, zwischen individueller Bearbeitung und gesellschaftlicher Position von Betroffenen bewusst zu machen: die Tatsache, dass zahlreiche Betroffene sich nicht auf ein Opfer reduzieren lassen wollen und selbstbewusst auftreten und auch nicht (mehr) psychisch am Boden sind, verändert zwar für ihr persönliches Empfinden sehr viel, aber die Frage der gesellschaftlichen Position (Stigmatisierung) und der Verfügung über die damit verknüpften Ressourcen ist damit nicht gelöst. Als Beispiel seien hier jene professionellen Wissenschaftler*innen genannt, die selber von sexualisierter Gewalt betroffen sind, dies aber (egal, wie gut sie die individuelle Erfahrung bearbeitet haben) aufgrund von

---

[18]Abweichend von der im restlichen Text verwendeten Schreibweise mit dem Gender*, das ausdrücken soll, dass es mehr als zwei Geschlechter gibt, die mehr oder weniger gleichberechtigt in die Überlegungen einbezogen werden müssen, soll hier mit der Klammer deutlich gemacht werden, dass die überwiegende Mehrheit der Täter bei sexualisierter Gewalt männlich sind. Eine Gleichsetzung würde hier bedeuten, die genderspezifischen Ursachen zu leugnen.

berechtigten Ängsten, aus der wissenschaftlichen Community ausgeschlossen zu werden, nicht offen legen können.[19]

Bis heute gibt es auch aus diesen Gründen keine politische von Betroffenen selbst getragene und demokratisch legitimierte Organisierung. Das stellt einen grundlegenden strukturellen Nachteil für Betroffene auf vielen Ebenen dar: Von der Partizipation an Forschung bis hin zu Aufarbeitungsprozessen. Ursula Enders weist deshalb z. B. darauf hin, dass es in Aufarbeitungsprozessen die Notwendigkeit einer von der Institution unabhängigen, parteilichen Begleitung von Betroffenen gibt, um dem Machtgefälle zwischen Institution und Betroffenen etwas entgegen zu setzen. (Mitteilung Enders 12.06.2019).

Es stellt sich also die Frage, wie Betroffene die Verfügung über die für eine Organisierung – und damit einhergehend für die Beteiligung oder Organisierung subjektwissenschaftlicher Forschung – benötigten Mittel gewinnen können.[20] Für diese Expertise ist es leider in Anbetracht der zur Verfügung stehenden Ressourcen zeitlicher und finanzieller Art nicht möglich zur Ermittlung einer verallgemeinerten Betroffenensicht einen subjektwissenschaftlichen Ansatz zu verfolgen. Es wird für die Zukunft aber zur Einbeziehung einer Betroffenensicht, die mehr sein will, als der Versuch, einzelne möglichst repräsentative Betroffene zu befragen oder kumulativ Meinungen zu aggregieren, notwendig sein, Schritte in Richtung einer subjektwissenschaftlichen Forschung zu gehen.

---

[19]Auch an diesem Punkt wird die Verknüpfung sexualisierter Gewalt mit Gender-Aspekten deutlich: Die patriarchale Dividende (Connell 2006) gibt Männer mehr Verfügungsmacht über Ressourcen und auch wenn davon nicht alle gleich profitieren, und sexualisierte Gewalt einige Zugänge massiv erschwert, ist es wohl kein Zufall, dass ein betroffener Mann diese Expertise schreibt oder dass ein Mann bei der Suche nach einer betroffenen Person für die Aufarbeitungskommission ausgewählt wurde. Ebenso ist dies eine der Erklärungen für die großen Unterschiede zwischen der von Frauen getragenen ersten Welle der öffentlichen Auseinandersetzung mit sexualisierter Gewalt und der zweiten nach 2010 (vgl. Kavemann et al. 2016).

[20]Diese Frage ist bewusst aus Betroffenenperspektive formuliert, denn von Seiten von professionellen Wissenschaftler*innen ist das eine schwierige Angelegenheit: Auch diejenigen, die sich eine Organisierung von Betroffenen wünschen, um z. B. verlässliche Ansprech- und Kooperationspartner*innen zu haben, stehen vor einer schwierigen Gratwanderung zwischen Unterstützung ohne zu bevormunden und Raum lassen ohne zu ignorieren. Und noch dazu sind sie damit konfrontiert, dass sie es eh nicht Allen Recht machen können, aber weil sie sich der Auseinandersetzung stellen, oft die Schelte für andere beziehen. Dafür erfahren sie zu wenig Dank.

2.7   Multi-perspektivisches Vorgehen

Aufgrund der geschilderten Situation ist für die vorliegende Expertise ein Multi-
perspektivisches und bis zu einem gewissen Grad auch Mixed-Method Vorgehen
gewählt worden, in dem drei verschiedene Erkenntnisquellen zusammengebracht
werden:

- In Teil 1 wurde theoriegeleitet versucht Aussagen zu treffen. Dies ist
  allerdings eher eine aus den verschiedenen theoretischen Modellen über
  sexualisierte Gewalt herausgearbeitete Sammlung von Betroffeneninteressen,
  als eine verallgemeinerte Betroffensicht.
- Für Teil 2 wurden Diskussionsrunden mit Betroffenen durchgeführt und deren
  Positionen in exemplarische Positionen verdichtet. Ergänzt wurden diese
  Diskussionen mit Einzelgesprächen mit Berater*innen, die ihnen geläufige
  Meinungen von Betroffenen zu Forschung und teilweise auch Sekundärverwertung berichtet haben.
- In Teil 3 wurden in zwei Forschungsarbeiten nach Aussagen von Betroffenen
  gesucht, die Rückschlüsse auf ihre Position zu einer Sekundärverwertung
  zulassen.

Abschließend wird auf dieser Grundlage versucht, eine Annäherung an eine vorläufige, verallgemeinerte Betroffensicht auf eine Sekundärverwertung von
Interviews zu vollziehen.

Ein solches Vorgehen kann eine fundierte subjektwissenschaftliche Entwicklung einer verallgemeinerten Betroffensicht auf eine Sekundärverwertung
von Interviews nicht ersetzen, insofern kann die vorliegende Arbeit nur eine
Annäherung darstellen. Das gewählte Vorgehen ist eine Notlösung ist und kann
keineswegs für zukünftige Ermittlungen einer verallgemeinerten Betroffensicht
einen bequemen einfachen Ausweg darstellen.

3   Theoriegeleitete Perspektive

Auch wenn der Begriff sexualisierte Gewalt unterschiedlich definiert wird, lässt
sich als bestimmende und einzige Gemeinsamkeit aller Betroffenen feststellen,
dass sie sexualisierter Gewalt ausgesetzt waren. Dabei sind sowohl die Dauer,
als auch die Häufigkeit, das Alter zum Tatzeitpunkt, die Täter*(innen), die Tat-
handlungen, die Umstände, die zur Verfügung stehenden Ressourcen, … (die

Liste ließe sich endlos fortsetzen) unterschiedlich. Es muss das Gemeinsame all dieser Gewaltwiderfahrnissen Ausgangspunkt der Annäherung sein. Bei einer theoriegeleiteten Annäherung ist der Ausgangspunkt die theoretischen Konzeptualisierungen von Betroffenheit sexualisierter Gewalt. Aus diesen müssen sich Schlussfolgerungen auf Interessen von Betroffenen bzgl. Sekundärverwertung herleiten.[21]

3.1   Traumatogene Dynamiken

In der Psychotraumatologie gibt es zahlreiche Ideen über Zusammenhänge zwischen einem Trauma und den Symptomen einer Posttraumatischen Belastungsstörung. Diese sind aber weder auf sexualisierte Gewalt zugeschnitten noch bilden die einzelnen Bausteine ein in sich geschlossenes Ganzes[22]. Das Konzept der vier traumatogenen Dynamiken von Finkelhor& Browne hingegen erklärt die Auswirkungen sexualisierter Gewalt indem es vier Faktoren annimmt, die basierend auf den bisherigen Lebenserfahrungen des betroffenen Kindes, das Erleben sexualisierter Gewalt prägen und in Folge die Auswirkungen maßgeblich. beeinflussen:

> „The model proposed here postulates that the experience of sexual abuse can be analyzed in terms of four trauma-causing factors, or what we will call traumagenic dynamics – traumatic sexualization, betrayal, powerlessness, and stigmatization. These traumagenic dynamics are generalized dynamics, not necessarily unique to sexual abuse; they occur in other kinds of trauma. But the conjunction of these four dynamics in one set of circumstances is what makes the trauma of sexual abuse unique, different from such childhood traumas as the divorce of a child's parents or even being the victim of physical child abuse." (Finkelhor und Browne 1985)

- Als traumatische Sexualisierung (traumatic sexualization) wird bezeichnet, dass das Kind in seiner Sexualität, inclusive der Gefühle, des Begehrens, der Einstellungen in einer für ein Kind altersunangemessenen und für menschliche

---

[21]Eine ausführlichere Erörterung von drei der hier vorgestellten Konzeptionierungen der Auswirkungen sexualisierter Gewalt gegen Jungen findet sich in Schlingmann (2020/i. E. b).

[22]Zur begrenzten Eignung der engeren psychotraumatologischen Konzepte für die Arbeit mit Betroffenen sexualisierter Gewalt siehe Mosser und Schlingmann (2013): Plastische Chirurgie an den Narben der Gewalt.

Interaktionen dysfunktionalen Art und Weise geformt und beeinflusst wird. Das Ergebnis ist altersunangemessenes Verhalten, Verwirrung und Missverständnisse über Sexualität, Unsicherheit in der eigenen sexuellen Identität und ungewöhnliche Gefühle gegenüber Sexualität.

- Der Begriff Verrat (betrayal) beinhaltet, dass Kinder feststellen müssen, dass sie von einer ihnen nahestehenden vertrauten Person, auf die sie fürs Überleben angewiesen sind, verraten werden oder im Stich gelassen werden. Dies ist sowohl der Fall bei durch die Bezugspersonen ausgeübter sexualisierter Gewalt, als auch bei fehlendem Schutz durch die Bezugspersonen vor sexualisierter Gewalt durch andere. Nach solchen Erlebnissen ist es naheliegend, sehr auf die eigene Sicherheit bedacht zu sein, misstrauisch und nur sehr langsam wieder jemand vertrauend. Ursula Enders (2001) hat in diesem Zusammenhang den treffenden Begriff des „gesunden Misstrauens" geprägt.

- Sexualisierte Gewalt bedeutet, ohnmächtig (powerless) einer anderen Person und deren Plänen und Absichten ausgesetzt zu sein. Diese Erfahrung ist nicht nur in der Situation extrem angreifend, sie hinterlässt auch die begründete Befürchtung, dass dies erneut geschehen kann, da die vorher angenommene Sicherheit und der Glaube an die eigene Handlungsmächtigkeit zutiefst erschüttert worden sind. Angstzustände und Rückzugsverhalten sind naheliegende Reaktionen.

- Stigmatisierung ist für Finkelhor und Browne die vierte Dynamik, die charakteristisch für sexualisierte Gewalt ist. Unabhängig von Reaktionen des Umfeldes auf das Bekanntwerden sexualisierter Gewalt werden den Betroffenen gesellschaftliche Bilder und Vorstellungen vermittelt, denen zufolge sie weniger wert sind, als andere. An diesem Punkt machen sich übrigens Genderdifferenzen in besonderem Maße fest: Für männliche Betroffenheit sexualisierter Gewalt hat die Stigmatisierung nicht nur die grundlegende Dimension ein minderwertiger Mensch zu sein, darüber hinaus ist ihr Selbstkonstruktion als männlich angegriffen. (Schlingmann 2010 oder Mosser 2009)

Von diesen vier Dynamiken sind drei für die Frage nach Konsequenzen bezüglich einer Sekundärverwertung von Bedeutung: Die Verratsdimension, die Ohnmachtsdimension und die Stigmatisierungsdimension.

- Die Verratserfahrung legt es nahe, gegenüber sämtlichen Versuchen, etwas mit meiner Geschichte zu machen sehr vorsichtig zu sein. Selbst wenn das Misstrauen gegenüber einer konkreten Gruppe von Forscher*innen überwunden wurde und ihnen erlaubt wurde, ein Interview zu führen und dies auszuwerten, bedeutet dies nicht, dass selbiges für andere Forscher*innen gilt. Eine womöglich vorschnelle oder nicht abgesprochene Weitergabe eines Interviews bedeutet eine Neuauflage des Verrats. Die Kontrolle über die eigene Geschichte in Form des Interviews zu behalten ist etwas existenzielles, denn nur so lässt sich verhindern, erneut hereingelegt zu werden.

- Die Erfahrung von Ohnmacht verstärkt das schon durch den Verrat geweckte Bedürfnis nach Kontrolle und Sicherheit. Gleichzeitig ist verständlich, dass aus der Ohnmachtserfahrung in Kombination mit der Stigmatisierung ein niedriger Selbstwert resultieren kann. Gegen einen niedrigen Selbstwert anzugehen, bedeutet nach Anerkennung durch andere zu streben. Und hier kann unter Umständen die Sekundärverwertung als Anerkennung und Wertschätzung verstanden werden. Das Gefährliche dabei ist, dass von Sekundärforscher*innen primär das Material und nicht die Person gesehen und wertgeschätzt werden, während gleichzeitig, wenn der/die Betroffene nicht ausreichend Kontrolle darüber behält, für welche Forschung das Interview benutzt wird, unter Umständen sein*ihr Interview für Forschung verwendet wird, die nicht im eigenen Sinne ist. Finkelhor und Browne haben darauf hingewiesen, dass auch im Versuch zu helfen, Behördenabläufe, eingeschliffene Verfahrenswege und nicht ausreichend verstandene Vorgehensweisen zu einer Verstärkung der Ohnmachtsgefühle führen können.

- Vergleichbares gilt für die Erfahrung der Stigmatisierung: Während es als Aufwertung und Anerkennung wirken kann, dass ein gegebenes Interview aufgehoben und eventuell noch einmal ausgewertet werden soll, entsteht dadurch zugleich die Gefahr der erneuten Stigmatisierung. Die Tatsache, dass kein Archiv und keine Anonymisierung in Zeiten gesellschaftlicher Umbrüche dauerhaft sicher sind, wird weiter unten noch genauer erörtert.

3.2 Die sequenzielle Traumatisierung

Kavemann et al. haben (2016, S. 165 ff) das von Keilson entwickelte Modell der sequentiellen Traumatisierung aufgegriffen und auf sexualisierte Gewalt angewandt. Keilson (1979) bezeichnete damit eine Abfolge von traumatisierenden oder traumaverstärkenden Ereignissen. Kavemann et al. unterscheiden fünf traumatische Sequenzen:

- Erste traumatische Sequenz: Familiäres Umfeld/sozialer Kontext (z. B. jahrelange Heim-/Krankenhausunterbringung, gewalttätiges familiäres Umfeld, generationenübergreifender Missbrauch, „conspiracy of silence"),

- Zweite traumatische Sequenz: Sexueller Missbrauch/Gewalt (über einen längeren Zeitraum, möglicherweise kumulativ (mehrere Täter(*innen)), Aktualisierung nach Erinnerung),
- Dritte traumatische Sequenz: Reaktionen nach Offenbarung (z. B. Abwehr, Schweigen, Nicht-Glauben, Bestrafung),
- Vierte traumatische Sequenz: Konfrontation (bei der polizeilichen Befragung und im Gerichtsverfahren, Konfrontation mit den Widerfahrnissen und dem*der Täter(*in)),
- Fünfte traumatische Sequenz: Verwehren der gesellschaftlichen Anerkennung (Erfahrungen mit Anträgen nach dem Opferentschädigungsgesetz und mit dem Gesundheitssystem).

Relevant für die Frage von Interviewsekundärverwertung sind zwei Sequenzen:

- Eine Konfrontation mit den Gewaltwiderfahrnissen findet vor allem in der Primärforschung statt. Sie kann aber auch zeitverzögert im Falle einer Sekundärverwertung stattfinden. Nun ist das erneute Auswerten eines einmal gegebenen Interviews gerade ein Versuch eine erneute Belastung zu vermeiden, es ist aber zu bedenken, dass es (wie später ausgeführt) geboten scheint, vor einer Sekundärverwertung eine erneute Einverständniserklärung einzuholen. Genau diese Anfrage nach einer Einverständniserklärung stellt aber u. U. eine erneute Konfrontation dar.
- Die Sequenz des „Verwehren der gesellschaftlichen Anerkennung" scheint auf den ersten Blick wenig mit der Frage der Sekundärverwertung zu tun haben. In der Tat ist es aber so, dass auch Forschung eine Form gesellschaftlichen Anerkennung darstellen kann: Die eigene Erfahrung als Betroffene*r wird von Wissenschaftler*innen für so wichtig gehalten, dass sie diese erfahren wollen. Dieser Effekt kann verstärkt werden, wenn es sich nicht um ein einmaliges Erlebnis handelt, sondern wenn sogar gefragt wird, ob das Interview auch für andere Forscher*innen zur Auswertung zur Verfügung stehen würde. Welches Risiko mit diesem Bestreben verbunden ist wurde oben in Zusammenhang mit dem von Finkelhor und Browne benannten traumatogenen Faktor Ohnmacht erörtert.

3.3   Einschub: kulturelles Gedächtnis und Zeitzeugeninterviews

Ein weiterer Aspekt in der Arbeit von Kavemann et al. verdient im Kontext von einer möglichen Sekundärverwertung noch Beachtung: Die Autor*innen beziehen sich auf die von Aleida Assmann vorgeschlagene Unterscheidung in vier Formen des Gedächtnisses (S. 185 ff): das individuelle, das der sozialen Gruppe, das Gedächtnis des politischen Kollektivs und das Gedächtnis der Kultur. Es stellt sich die Frage inwieweit eine Speicherung von Interviews von Betroffenen in einem Archiv nicht ein Teil eines kulturellen Gedächtnisses sein könnte, vergleichbar mit der Dokumentation von Interviews mit Zeitzeigen.

Im Vergleich mit Zeitzeugeninterviews ist allerdings zu bedenken, dass Zeitzeugeninterviews ein politisches Ziel verfolgen, was von Archiv und Zeitzeugen geteilt wird. Im Kontext sexualisierter Gewalt würde dies bedeuten, dass die Archive parteilich für Betroffene sein müssten und einen explizit gesellschaftspolitischen Auftrag hätten. Sie wären also keine Archive, die Forschungsdaten für eine mögliche Sekundärverwertung speichern würden, sie würden nach anderen Prinzipien funktionieren, unabhängig von Forschungsinteresse Interviews sammeln und ob diese eventuell für Forschungsfragen brauchbar sind, wäre sekundär. Zudem gilt es zu bedenken, dass die Aufgabe von Zeitzeugen ist, etwas, bevor eine Generation ausgestorben ist, noch festzuhalten. Zeitzeugeninterviews finden also meist mit älteren Personen statt. Forschung zu sexualisierter Gewalt hat hingegen ein großes Interesse nicht nur Ereignisse von vor 40 oder 50 Jahren zu beleuchten, sondern auch aktuelle. Auch wenn es evtl. sinnvoll wäre eine Zeitzeugenarchiv zum Thema sexualisierte Gewalt aufzubauen, wo auf Aspekte wie „Sexualisierte Gewalt in der DDR" oder „in der Nachkriegszeit in der BRD" eingegangen werden könnte, es ist sinnvoll, die Diskussion um Zeitzeugeninterviews von der um Forschungsinterviews zu trennen.

Neben der sequenziellen Traumatisierung wurde in letzter Zeit öfter auf das Modell der kumulativen Traumatisierung von Massud Khan (siehe auch Fischer und Riedesser 2003) hingewiesen. Khan hat diesen Begriff (Khan 1963) eingeführt, um zu verdeutlichen, dass eine Folge von einzelnen, eventuell nicht als traumatisch erlebten Ereignissen in der Gesamtheit traumatisch wirken kann. Vor allem im Kontext von gescheiterter Aufarbeitung hat dieser Begriff neue Aktualität erhalten. Er könnte auch für die Frage einer Sekundärverwertung von Interviews von Bedeutung sein, falls z. B. das für die Primärforschung gegebene Interview eine Belastung dargestellt hat, die für sich genommen nicht traumatisch erlebt wurde, in Verbindung mit einer Sekundärverwertung aber Teil einer kumulativen Traumatisierung werden könnte. Ob dies nun als Teil einer sequenziellen Traumatisierung oder als Teil einer kumulativen betrachtet wird, ist für die Betroffenen aber nebensächlich. Das Risiko einer solchen erneuten Belastung ist bei jeder Form von erneuter Konfrontation mit der widerfahrenen Gewalt gegeben, es geht darum gehen, dies zu minimieren, oder sich deswegen dagegen zu entscheiden.

3.4   Healing from CSA

Eine Gruppe von Wissenschaftler*innen der Kent University haben 2011 das Modell „Healing from CSA" (Draucker et al. 2011) vorgestellt. Draucker, Martsolf, Roller, Knapik und Stidham konzeptionieren den Bearbeitungsprozess als vier Phasen,

1. Grappling With The Meaning Of The CSA (Ringen mit der Bedeutung des sexuellen Kindesmissbrauchs)
2. Figuring Out The Meaning Of The CSA (Die Bedeutung des sexuellen Kindesmissbrauchs verstehen)
3. Tackling The Effects Of The CSA (Die Auswirkungen des sexuellen Kindesmissbrauchs angehen)
4. Laying Claim To One's Life (Das eigene Leben zurückerobern).

die in fünf Funktionsbereiche ihren Niederschlag haben

- Life Patterns (Lebensmuster)
- Parenting (Elternschaft)
- Disclosure of CSA (Aufdeckung sexualisierter Gewalt)
- Spirituality (Spiritualität)
- Altruism (Altruismus).

Sie stellen sechs unterstützende Faktoren fest: In der ersten Phase sind affirming messages (bestätigende Botschaften) und personal agency (persönliche Handlungsfähigkeit) hilfreich, in der zweiten on-going support (fortgesetzte Unterstützung) und personal resolves (persönliche Beharrlichkeit) und die beiden letzten Phasen werden befördert durch ein critical life event (kritisches Lebensereignis) und das Commitment to transcend the CSA (Entschlossenheit, die sexualisierte Gewalt zu überwinden).

Relevant für die Frage einer Betroffenensicht auf Sekundärverwertung ist zum einen der Aspekt der Disclosure, unter dem Draucker et al. sowohl das erste Berichten über sexualisierte Gewalt im Zuge von Hilfesuche, als auch späteres z. T. öffentliches Auftreten als Betroffene fassen. Aufgeteilt auf die vier Phasen gehört zur Aufdeckung:

1. Keeping the CSA a secret; Disclosing the CSA indirectly; Disclosing the CSA indiscriminately
2. Discussing the CSA to make sense of it

3. Discussing the CSA to strengthen a new understanding; Discussing the abuse to pass on wisdom
4. Disclosing the abuse to help others.

Es ist dies eins der wenigen Modelle, die das Sprechen über sexualisierte Gewalt über einen längeren Zeitraum, und mit verschiedenen Zielsetzungen betrachtet. Der zweite relevante Aspekt ist der des Altruismus, worunter Draucker et al. alle Aktivitäten fassen, die dazu beitragen sollen, das Leid anderer zu mindern.

1. Being aware of the suffering of others
2. Thinking about helping others
3. Being compassionate; planning altruistic activities
4. Engaging in altruism.

In der Kombination beider Bereiche wird deutlich, dass zur vierten Phase unter beiden Gesichtspunkten auch die Mitarbeit in Forschungsprojekten gehören kann.

Auch Nagel und Kavemann (2017a, 2017b, 2018) haben herausgefunden, dass das Arbeiten mit der eigenen Geschichte, das zur Verfügung stellen derselben um eine Verbesserung der Lage vieler zu erreichen, eine Motivation für die Mitarbeit in Forschungsprojekten sein kann. Das stellt Forscher*innen vor die Aufgabe, durch die Forschungsarbeit real zu einer Verbesserung der Situation Betroffener beizutragen, und dies auch – inclusive der begrenzten Einflussmöglichkeiten – den Betroffenen darzustellen. Forschung muss aus dieser Sicht heraus parteilich sein, womit sich die Frage nach den der Forschung zugrunde liegenden Wertevorstellungen stellt. In Gewaltverhältnissen kann es keine Neutralität geben. Gewaltverhältnisse basieren auf Machtverhältnissen und wer diese Machtungleichgewichte nicht berücksichtigt, stärkt die Seite der Mächtigen, der Täter(*innen). Wie diese Parteilichkeit der Forschung bei Sekundärverwertung gesichert werden kann, ist noch unklar.

Auch Rieske et al. (2018) haben zum Thema „Aufdeckungsprozesse männlicher Betroffener von sexualisierter Gewalt in Kindheit und Jugend" gearbeitet und in diesem Zusammenhang Wissen als hilfreichen Faktor herausgearbeitet. Sie differenzieren in Ereigniswissen, Diskurswissen sowie Struktur- und Prozesswissen (Rieske et al 2018, 200 ff.). Dabei spielt die Notwendigkeit sexualisierte Gewalt als solche erkennen und benennen zu können, eine zentrale Rolle. Dies knüpft an die im Modell des „Healing from CSA" als meaning benannte Auseinandersetzung mit der Bedeutung und dem Sinn sexualisierter Gewalt an.

3.5   Die Bedeutung sexualisierter Gewalt

Von Betroffenen selber entwickelt worden ist das Modell der Bedeutung sexualisierter Gewalt (vgl. Schlingmann 2010, 2017, 2020/i. E. b). Es basiert auf dem im betroffenenkontrollierten Ansatz entwickelten Gewaltbegriff (Frauenselbsthilfe und Beratung Wildwasser Berlin et al. 2003, Hävernick und Schlingmann 2006) und versucht diesen in seiner gesellschaftlichen Bedeutung bezogen auf sexualisierte Gewalt genauer zu fassen. Dabei bezieht es sich auf Konzepte der Kritischen Psychologie und reflektiert Erfahrungen der betroffenenkontrollierten Beratungsarbeit gegen sexualisierte Gewalt. Einbezogen wurden Erfahrungen bei Tauwetter, wo bis 2019 37 Selbsthilfegruppen betroffener Männer gestartet sind und ca. 2700 betroffene Männer beraten wurden, sowie die Erfahrungen einer ehemaligen Beraterin der Selbsthilfe- und Beratung von Wildwasser Berlin, die fast 30 Jahre Selbsthilfegruppen betroffener Frauen begleitet und ca. 3000 betroffene Frauen* beraten hat.

Zu dieser Art des Vorgehens hat Holzkamp 1994, viele Diskussionen um partizipative und selbstorganisierte Forschung vorwegnehmend in Bezug auf die Beratung betroffener Frauen und Mädchen festgehalten,

> „[…] dass hier das Subjekt der Gewalterfahrung und das Subjekt der Veröffentlichung und der wissenschaftlichen Analyse sexueller Männergewalt zusammenfallen können: So speist sich dem Vernehmen nach das praktische und politische Engagement vieler Frauen für sexuell mißhandelte Mädchen auch aus ihrer eigenen Erfahrung als Getroffene von sexueller Gewalt. Programmatisch wird die Herstellung der Einheit von Analyse und Selbsterfahrung aber im Versuch der Konstituierung eines eigenständigen Diskurses, von dem aus der herrschende Diskurs destruiert werden kann" (Holzkamp 1994, S. 150).

Aus einem solchen „eigenständigen" Diskurs ist das Modell der Bedeutung sexualisierter Gewalt entstanden:

> „Gewalt in der Gesellschaft kann zwei unterschiedliche Funktionen haben. Sie kann erstens die Hierarchie in der Gemeinschaft klären und damit die Zugehörigkeit des Einzelnen bestätigen. Oder sie übernimmt die bekannte Funktion der Ausgrenzung und des Ausschlusses aus der Gemeinschaft – bis hin zur Vernichtung, entweder direkt körperlich oder als Mitglied der Gesellschaft. Dabei schließen diese gesellschaftlichen Funktionen einander nicht aus; vielmehr beinhalten viele Gewalthandlungen Elemente beider. Die Bedeutung der einzelnen Gewalttat ergibt sich aus dem Verhältnis dieser beiden Elemente.

Meistens haben alltägliche Gewalthandlungen von Männern untereinander eher eine hierarchieklärende und gemeinschaftsbildende Funktion: Es existieren ungeschriebene Regeln wie Fairnessgebote, aber auch institutionalisierte Vereinbarungen wie die Genfer Konvention. Bei Gewalt von Männern gegen Frauen ist das ausschließende Moment wesentlich stärker: Durch Gewalt werden Frauen »auf ihren Platz verwiesen«, sie werden in ihrer Gesamtheit als minderwertig und zweitrangig deklariert.

Sexualisierte Gewalt ist vor allem in den massiveren Formen eine ausgrenzende und ausschließende Form von Gewalt. Sie macht Betroffene zu Objekten, das Menschsein wird ihnen abgesprochen.

Aufgrund der gesellschaftlichen Vermitteltheit der menschlichen Existenz hat solch ein Ausschluss eine existentielle Dimension: Menschen organisieren ihr Überleben seit Jahrtausenden nicht mehr in Kleingruppen oder vereinzelt, indem sie sich an die Umwelt anpassen, sondern sie gestalten als Gesellschaft ihre Umwelt entsprechend ihren Bedürfnissen. Ohne die Gesellschaft verhungern die Einzelnen. Die Gesellschaft bestimmt die Bedingungen des Überlebens von Einzelnen. Aus dem Bedürfnis zu überleben wurde im Laufe der Entwicklung der Menschheit das Bedürfnis, Teil der Gesellschaft zu sein, um über eigenes Überleben entscheiden zu können. Wer nicht Teil des Entscheidungsprozesses ist, bleibt auf Wohlwollen angewiesen und ihm ausgeliefert. Der Unterschied zwischen Recht und Almosen liegt darin, dass ein Recht absichert, wohingegen bei Almosen nie klar ist, was morgen geschieht und existentielle Unsicherheit das Leben bestimmt. Das ist die Lebenssituation von Menschen ohne Papiere und anderen Personen, denen die Bürgerrechte verweigert werden." (Schlingmann 2017)

Aus dieser grundlegend die Existenz bedrohenden Dimension sexualisierter Gewalt, der Reduzierung auf ein Objekt ergibt sich, dass die Bearbeitung sexualisierter Gewalt einen Prozess der Wiedergewinnung des Subjektstatus darstellt. Es ist ein permanentes Hin und her zwischen Reflektion der Erfahrungen und Gefühle und dem Bestreben sexualisierte Gewalt als Phänomen zu verstehen. Oder in anderen Worten: Die Kontrolle über sich, das eigene Leben und die eigene Geschichte wieder zu erlangen. Es geht um Selbstbestimmung. Und dieser Aspekt gilt auch für die Frage einer möglichen Sekundärverwertung von Forschungsinterviews.

Die mit der Bedeutung verbundenen Handlungsbeschränkungen und -möglichkeiten werden von den einzelnen Betroffenen in unterschiedlichem Ausmaß und in unterschiedlicher Art und Weise wahrgenommen und akzentuiert. Sie sind eben verschiedene Menschen, haben verschiedene Lebenserfahrungen und verschiedene Ziele. Die Tatsache, dass sie alle derselben Bedingung – sexualisierte Gewalt – ausgesetzt waren, und dass diese Bedingung eine gesellschaftliche Bedeutung (Ausschluss aus der der Gemeinschaft der Menschen) hat, nivelliert die anderen Unterschiede nicht. Markard hat den Zusammenhang wie folgt dargestellt:

> „*Bedingungen* meinen die objektiv-ökonomischen Lebensumstände, *Bedeutungen* verweisen darauf, inwieweit diese Bedingungen Handlungsmöglichkeiten und -behinderungen (etwa unter Bezug auf Klasse, Geschlecht, ‚Ethnie') enthalten, während *Prämissen* schließlich die Bedeutungsaspekte meinen, die jeweils die einzelnen Individuen für sich aus ihren jeweiligen *Gründen* akzentuieren (wobei zu den Prämissen auch biografische Erfahrungen gehören)" (Markard 2017, S. 235)

Betroffene sind zwar alle derselben Bedingung – nämlich sexualisierter Gewalt – ausgesetzt gewesen, sie haben diese aber unterschiedlich erlebt und eingeordnet und sie haben unterschiedliche Schlussfolgerungen daraus gezogen. Sie haben also verschiedene Meinungen. Für die Frage der Sekundärverwertung von qualitativen Interviews bedeutet dies, dass es viel Flexibilität braucht. Es muss möglichst viel Selbstbestimmung und Kontrolle über die Interviews bei den Betroffenen verbleiben, aber eine Möglichkeit der Selbstbestimmung kann auch sein, die Kontrolle abzugeben – vorausgesetzt es ist eine bewusste, d. h. im Wissen um die Tragweite und mögliche Konsequenzen getroffene Entscheidung.

4   Meinungen von Betroffenen zur Sekundärverwertung

In der Kürze der für diese Expertise zur Verfügung stehenden Zeit war es nicht möglich systematisch Meinungen von Betroffenen zur Sekundärverwertung von Interviews zu erfassen. Stattdessen wurden zwei Diskussionsrunden mit Betroffenen veranstaltet. Die Betroffenen der einen Diskussionsrunde setzten sich aus Männern aus den Selbsthilfegruppen von Tauwetter zusammen, die zweite Runde bestand aus männlichen und weiblichen Mitarbeiter*innen von Tauwetter[23]. Die Gespräche und die Diskussionsrunden wurden nicht aufgezeichnet, es wurden vielmehr Notizen erstellt und anhand derer zusammenfassende Positionen entwickelt. Dies geschah teilweise schon in den Diskussionsrunden, d. h. die Diskussion selber wurde auf einer Metaebene reflektiert. Den

---

[23]Da Tauwetter eine betroffenenkontrollierte Anlaufstelle ist, sind sämtliche Mitarbeiter*innen selber Betroffene.

Diskussionsteilnehmer*innen wurde angeboten, die Expertise am Schluss zu lesen und zu kommentieren, ein Teil machte davon Gebrauch.

Ergänzend wurden, um eine Perspektiverweiterung zu erreichen, drei Einzelgespräche mit Berater*innen aus anderen Einrichtungen geführt, die mit Betroffenen arbeiten, die mit Forschung zu tun hatten oder haben.

Die im Folgenden dargestellten und diskutierten Meinungen von Betroffenen stellen also weder eine umfassende Darstellung aller Betroffenenpositionen dar, noch eine komplette Auflistung aller während der Arbeit an der Expertise dem Autor zur Kenntnis gelangten möglichen Positionen. Sie stellen vielmehr eine an der Aufgabenstellung orientierte Zusammenfassung in Richtung auf eine Typologisierung dar.

4.1　Die Angst vor dem Verlust der Deutungshoheit

In gewisser Hinsicht bedeutet jedes Zur-Verfügung-Stellen eines Interviews für eine Auswertung durch Forscher*innen einen Angriff auf die persönliche Deutungshoheit über die eigene Geschichte.[24] Diese Hürde wird von denjenigen Betroffenen, die sich dennoch für Interviews zur Verfügung stellen, durch Vertrauen in die Forscher*innen überwunden. Dazu unternehmen nicht wenige aktiv mehrere Schritte:

- Sie versuchen schon vor einer Kontaktaufnahme zu prüfen, ob die Forscher*innen schon zum Thema gearbeitet haben, welche Ergebnisse sie erzielt haben, welche Position sie beziehen usw. Insofern ist der Ruf der jeweiligen Forscher*innen Teil ihres Kapitals und ein Hinweis auf bisherige Forschungsarbeiten in Aushängen und Anschreiben, die für eine Beteiligung werben sollen, sinnvoll.

---

[24]Wie in der Einleitung dieses Kapitels dargestellt bedeutet dies nicht, dass alle Betroffenen so empfinden. Es gibt durchaus auch nicht wenige Betroffene, die geradezu die Deutung durch andere suchen, weil sie selber sich nicht zutrauen, ihre Geschichte zu deuten. Ob dann eine Übernahme der Verantwortung des Deutens durch Forscher*innen sinnvoll ist oder nicht eine Befähigung zum selber Deuten besser wäre – was keine Aufgabe von Forscher*innen wäre, weswegen damit die Forschungszusammenarbeit beendet wäre – ist hier nicht die Frage. Es geht hier um diejenigen, die einen Verlust der eigenen Deutungshoheit befürchten.

- In einem zweiten Schritt wird versucht herauszufinden, was die konkrete Zielsetzung des Forschungsprojektes darstellt. Je klarer, einleuchtender und glaubwürdiger diese ist umso besser.
- Im dritten Schritt wird vorher aber vor allem im Interview fortlaufend geprüft, ob die das Interview führenden Forscher*innen vertrauenswürdig erscheinen[25]. Das beeinflusst in großem Maß, wie welche Fragen beantwortet werden und was wie tiefgehend erzählt wird.

Dieser ganze Prüfungsprozess wäre bei einer generellen Freigabe eines Interviews für eine Sekundärverwertung nicht machbar. Die Vorstellung, dass unbekannte Personen die persönliche Geschichte zu lesen bekommen und in ihrem eigenen Sinne auswerten und deuten könnten, empfinden auch solche Betroffenen als bedrohlich, die generell nicht sehr misstrauisch gegenüber Forschung sind.

Gleichzeitig wurde aber mit der neuen Datenschutz-Grundverordnung das Prinzip des „broad consent" für Forschungszwecke eingeführt.

„Die DS-GVO stellt ausdrücklich klar, dass eine Weiterverarbeitung von personenbezogenen Daten zu Forschungszwecken als vereinbar mit dem ursprünglichen Datenerhebungszweck anzusehen ist. Zugleich wird mit der DS-GVO ausdrücklich die Möglichkeit eines „broad consent" im Bereich der wissenschaftlichen Forschung eingeführt. Dies ermöglicht die Einholung von Einwilligungen zu Forschungszwecken, auch wenn diese Zwecke bei Erhebung der Daten im Einzelnen noch nicht detailliert dargelegt werden können." (BMWI 2019)

Es ist naheliegend, dass solche Konzepte einer generellen Freigabe für Forschung, für eine Sekundärverwertung von Interviews mit Betroffenen sexualisierter Gewalt nicht tauglich sind. Es braucht vielmehr einen für jedes neue Forschungsprojekt neu erteilten „informed consent".

Selbst eine immer wieder zu erneuernde Einverständniserklärung stellt die Gruppe von Betroffenen um die es hier geht, ebenso wie Sekundärforscher*innen vor eine schwierige Aufgabe, denn sie müssen eigentlich den gleichen Prozess der Vertrauensbildung durchlaufen, wie Primärforscher*innen, incl. des persönlichen Kontaktes. Der ökonomische Nutzen einer Sekundärverwertung ist damit

---

[25]Es hat sich herausgestellt, dass es hilfreich ist, wenn angehende Interviewer*innen sich Gedanken machen, wie sie selber zum Ziel des Forschungsprojektes stehen, was ihre persönliche Motivation ist, wie es mit eigener Betroffenheit aussieht usw. – und vor allem wie sie mit Fragen zu diesem Komplex umgehen wollen, was sie von sich aus thematisieren wollen, etc.

massiv eingeschränkt und ob eine Sekundärverwertung unter solchen Umständen überhaupt noch sinnvoll ist, ist zu fragen.

Andere Möglichkeiten würden dann entstehen, wenn Forschung dergestalt partizipativ ist, dass es zu einer gemeinsamen Auswertung kommt. Dann könnte auf dieser Grundlage auch eine gemeinsame Entscheidung über eine Sekundärverwertung entstehen. Zu einer so weit reichenden Partizipation ist es bisher aber nur in Ausnahmefällen (z. B. Brenssell et al. 2017) gekommen. Zu viele Forscher*innen haben grundlegende Bedenken:

> „Gegen meine Einlassungen könnte man einwenden, dass die Auswertungen/ Interpretationen ja unbewusste und latente Inhalte zutage fördern sollen. Man kann aber auch fragen, wieso dies nicht zusammen mit den Betroffenen möglich sein und sinnvoll erfolgen können soll ..." (Markard 2017, S. 228)

Die Wichtigkeit der Deutungshoheit wird in zahlreichen Arbeiten beschrieben (z. B. Aries und Johnson 2013; Chouliara et al. 2014 oder auch Easton et al. 2013), die sich „healing" oder „recovery" beschäftigen.

In dem oben dargestellten Modell „Healing from CSA" von Draucker et al. (2011) ist in den ersten beiden Phasen des „healing" die Sinnsuche zentral: „grappling with the meaning of CSA" und „figuring out the meaning of CSA". Für Hartley et al. ist „Making sense of and understanding abuse" eins der zentralen Themen, um zu einem „posttraumatic growth" zu kommen (Hartley et al. 2016, S. 207 ff.).

Auch das aus der feministischen Bewegung stammende Konzept der „Definitionsmacht" (re.Action 2007) unterstreicht deutlich welchen hohen Stellenwert die Deutungshoheit für Betroffene hat. Das Konzept soll dazu dienen, dass Betroffene sexualisierter Gewalt nicht unter Rechtfertigungsdruck geraten, wenn sie über sexualisierte Gewalt berichten. Genauso wie nur die Betroffenen selber sagen können, ob sie verletzt worden sind, können nur die Betroffenen selber sagen, wie sie in ihren Handlungsmöglichkeiten beschränkt worden sind und damit, ob es sich bei der Tat um sexualisierte Gewalt handelt. Das Konzept Definitionsmacht gibt also den Betroffenen selber das Recht zu definieren, ob ihnen sexualisierte Gewalt angetan wurde oder nicht.[26]

---

[26]Als Kritik an diesem Konzept wird oft eingewandt, dass insbesondere bei sexualisierter Gewalt gegen Kinder und Jugendliche eine Intervention durch das erwachsene Umfeld nicht davon abhängig gemacht werden darf, ob das betroffene Kind etwas als sexualisierte Gewalt begreift. Es empfiehlt sich deshalb für Interventionen die Unterteilung in sexualisierte Grenzverletzungen, sexualisierte Übergriffe und strafrechtlich relevante und andere massive Handlungen (Enders und Kossatz 2012) zu verwenden.

Es ist kritisch anzumerken, dass es bisher keinerlei Forschung zur Frage gibt, welche Auswirkungen ein Verlust der Deutungshoheit für Betroffene darstellt.[27] Dabei wäre zwischen einem einmaligen und einem dauerhaften Verlust zu unterscheiden. Gerade die Tatsache, dass etwas kein absehbares Ende hat, wird von Betroffenen, von denen Missbrauchsabbildungen im Netz kursieren, ja als besonders belastend geschildert. Insofern ist es höchste Zeit sich mit möglichen Effekten der Interpretation durch Dritte genauer zu beschäftigen, bevor diese durch Archivierung und Freigabe zur erneuten Verwertung ins Endlose ausgeweitet wird.

4.2   Das Einverständnis als Teil von Sinnsuche

Eng mit im vorherigen Punkt schon angesprochenen Aspekten verbunden, aber mit Auswirkungen in die entgegengesetzte Richtung ist eine bei anderen Betroffenen vorhandene Tendenz, ihre Geschichte sehr unkritisch zur Verfügung zu stellen, nach dem Motto „wenigstens dafür soll das gut gewesen sein". Dies gilt auch für Fragen nach einer Sekundärverwertungen (mündliche Mitteilung Beraterin). Dahinter steckt ein zum Teil verzweifelter Versuch, einer für sie unfassbaren Tat irgendwie einen Sinn zu verleihen. Welchen Stellenwert dieses „figuring out the meaning" (Draucker et al. 2011) hat, ist schon im unter dem Fokus „Deutungshoheit" erörtert worden.

Diese Herangehensweise ist Forscher*innen, die länger im Feld tätig sind durchaus bekannt. Sie sehen darin als eine große Vulnerabilität von Betroffenen und versuchen dieser mit einer zugewandten, aufmerksamen, unterstützenden Haltung zu begegnen. Das stellt für nicht wenige Betroffene einen großen Kontrast zu dem, wie sonst mit ihnen umgegangen wird dar und sie sind dafür dankbar und fassen schnell Vertrauen. Die Forscher*innen versuchen mit dieser Herangehensweise ihrer persönlichen Verantwortung als Mensch gegenüber einem anderen Menschen gerecht zu werden und so mit den unterschiedlichen Zielen (Sinnsuche und Materialgewinnung) umzugehen.

---

[27]Was es gibt, sind Berichte in der Beratungsarbeit über oftmals unmittelbar negative Erfahrungen mit Journalist*innen, die die persönlichen Geschichten von Betroffenen entsprechend ihren journalistischen Zielen geschrieben haben – und dabei hat es sich keineswegs nur um Boulevard-Journalist*innen gehandelt, sondern auch um seriöse, wohlmeinende.

Es gibt aber noch eine darüber hinaus gehende Verantwortung, die sich aus der unterschiedlichen gesellschaftlichen Situiertheit ergibt: Zwischen Wissenschaft und Beforschte besteht massives Machtgefälle. Nur wenn dies offengelegt und reflektiert wird, kann damit umgegangen werden, können gemeinsam Absprachen getroffen werden. Ein verantwortungsvoller Umgang mit dem Wunsch an Forschung teilzunehmen „damit das wenigstens dafür gut ist" würde bedeuteten, die Frage, ob eine Teilnahme an einer Forschung ein zielführender Weg der Deutung sexualisierter Gewalt ist, ebenso zu thematisieren, wie die eigenen Interessen. Erst auf der Grundlage kann ein Aushandlungsprozess stattfinden, der zu Ergebnissen führt von denen beide Seiten längerfristig profitieren.

Den notwendigen Prozess der kritischen Auseinandersetzung mit Zielen und Interessen und darin eingeschlossene Anerkennung des anderen als „gleichrangiges, aber von mir zu unterscheidendes Intentionalitätszentrum" hat Holzkamp in seiner Kategorialanalyse „Intersubjektivität" (1985, S. 238) genannt und Markard hat das Fehlen „intersubjektiver Verständigung" im Forschungsprozess als „kommunikative Mangelsituation" (2017S. 228) bezeichnet. Es geht dabei um eine offene Diskussion auf Augenhöhe mit einem präsenten Gegenüber, das die eigene Meinung offenlegt und vertritt, ohne sie überzustülpen. Zielsetzung ist das Verstehen durch Nachvollziehen der Weltsicht der anderen Person.

Was Betroffene statt dem Sinnangebot „Forschungsteilnahme" brauchen können, haben Easton et al. beschrieben: „To promote growth, practitioners can help survivors understand the meaning and impact of abuse on their lives, …" (2013, S. 211). Forscher*innen sind keine „practitioner", aber diese Situation wirft ethische Fragen für sie auf. Wann führt die Rekrutierung von Teilnehmenden dieselben in eine Sackgasse und wann ist sie hilfreich? Was ist, wenn eine durch die Forscher*innen als Hilfe für die Gruppe der Betroffenen beabsichtigte Forschung einzelnen beteiligten Betroffene nicht hilft?

2013 haben Rassenhofer et al. im Rückblick auf die telefonische Anlaufstelle von Frau Bergmann festgehalten, „… some victims feared that they would be disappointed after having their expectations raised. However, the majority of those who provided input were proud of having participated in this process […] and hopeful that this long-term process would continue and that those involved would remain active." (Rassenhofer et al. 2013, S. 660).

Aktuell beginnt eine tiefergehende Auswertung der schriftlichen Mitteilungen. Offen bleibt aber die Frage, was geschieht mit den Ergebnissen? Wer hört den Forscher*innen zu, wenn sie Ergebnisse verkünden und welchen Einfluss haben diese Ergebnisse auf die Politik? Die zahlreichen Anstrengungen können nicht darüber hinwegtäuschen, dass sich die Gesellschaft als Ganzes sich nur extrem langsam bewegt. Deshalb sind einige Betroffene enttäuscht und ziehen sich zurück. Auch um solchen Enttäuschungen vorzubeugen erscheint es sinnvoll, vor einer Teilnahme an einer Studie über die Erwartungen zu sprechen und sehr deutlich den geringen Einfluss der einzelnen teilnehmenden Person auf die Forschung und den geringen Einfluss von Forschung auf die Politik deutlich zu machen.

Dies alles gilt in verstärktem Maße für die Frage einer späteren Sekundärverwertung, auch wenn es „nur" um eine Einverständniserklärung geht, das Interview zu archivieren und später wegen einer Sekundärverwertung nachfragen zu dürfen. Ein informed consent ohne intersubjektive Verständigung ist ein uninformed consent.

4.3   Das Vermeiden von Belastungen

Der oft als erstes angeführte Grund für eine Sekundärverwertung von Interviews ist das Bestreben erneute Belastungen zu vermeiden. So führt Medjedović aus:

> „Auf vorhandene Daten zurückgreifen zu können, nimmt Rücksicht auf Befragte, insbesondere wenn unter sozial und politisch schwierigen Verhältnissen geforscht wird es sich um sensible Forschungsthemen oder besonders vulnerable Populationen handelt, die so vor einer Überbefragung geschont werden. In diesem Sinne können Sekundäranalysen als unaufdringliche („unobtrusive") Untersuchungsform gelten." (2014, S. 32 ff)

Diese Hoffnung äußern auch Betroffene, für die schon ein erstes Interview eine Belastung darstellt (Mündliche Mitteilung Berater). Ob diese Hoffnung aber erfüllt werden kann, muss hinterfragt werden. An anderer Stelle ist dargelegt worden, dass es angeraten ist, eine Sekundärverwertung nur dann durchzuführen, wenn vor einer erneuten Auswertung auch eine erneute Einverständniserklärung abgegeben wird. Eine Konfrontation mit dem Thema findet also auf alle Fälle statt. Dennoch wäre natürlich ein erneutes belastendes Interview so vermeidbar. Der Aspekt einer erneut benötigten Einverständniserklärung müsste allerdings bei der Zustimmung zu einer Archivierung sehr deutlich gemacht werden, damit die Betroffenen sich entscheiden können, ob sie sich darauf einlassen wollen.

Da Belastungen aber selten statisch sind und sich die persönliche Situation ändern kann, müsste es natürlich auch die Möglichkeit eines Widerrufs der Genehmigung zur Kontaktaufnahme geben. Ein solcher könnte zeitlich begrenzt oder endgültig sein. Dieses Vorgehen hätte allerdings den Nachteil, dass die Betroffenen immer wieder selber überprüfen müssten, ob sie aktuell einen

Widerruf einlegen wollen, also ob sie zum jetzigen Zeitpunkt mit Nachfragen zur Sekundärverwertung konfrontiert werden dürfen und ob sie noch damit einverstanden sind, dass ihr Interview gespeichert ist. Für diejenigen, die am liebsten einmal ein Interview geben wollen und dann nie wieder daran denken wollen, sind diese Lösungen eher unbefriedigend. Es steht zu befürchten, dass von Einigen die gesamte Möglichkeit einer Sekundärverwertung verdrängt wird und eine Nachfrage deshalb überfallartig erlebt wird. Hier braucht es Lösungen mit automatisierten Löschungsverfahren wie unten skizziert.

4.4 Die Gefahr unabsehbarer Konsequenzen

Erst nach genauerem Überlegen wird den meisten Betroffenen bewusst, dass es langfristig durchaus zu rechtlichen oder politischen Veränderungen kommen kann, die es ratsam erscheinen lassen, einer Archivierung nicht zuzustimmen. Das derzeitige Erstarken autoritativer Strömungen nicht nur in Europa geht einher mit einer zunehmenden Diskriminierung von Minderheiten. Ein gewisser vermeintlich sicherer Bezugsrahmen, wie ihn z. B. die Gender- und Frauenforschung auch für die Forschung gegen sexualisierte Gewalt darstellt ist in ihrer universitären Verwurzelung keineswegs gesichert. Antifeminismus und die Propaganda vom Genderwahnsinn sind nicht nur zentrale Bausteine rechtsextremer Mobilisierungsstrategien, sie stellen auch reale Bedrohungen für Betroffene sexualisierter Gewalt dar. Die Veränderungen in Ungarn und Polen zeigen in welchem atemberaubenden Tempo sich in einem EU-Land auch rechtliche Rahmenbedingungen verändern können. Interviews mit Betroffenen sexualisierter Gewalt lassen oftmals klare Schlussfolgerungen z. B. auf die sexuelle Orientierung zu, was in Anbetracht diskriminierender Gesetze ein nicht zu unterschätzendes Risiko darstellt. Vorstand und Konzil der DGS haben deshalb in ihrer Stellungnahme zu Recht festgehalten:

> „Überdies gilt es zu reflektieren, inwiefern Veränderungen von rechtlichen Grundlagen, politischen Haltungen und generell Machtverhältnissen zu Einschränkungen der langfristigen Rechteabsicherung an der Forschung Beteiligter führen können." (Vorstand und Konzil der DGS 2019, o.S.)

Stefan Hirschauer hat ähnliche Bedenken geäußert und sieht deshalb grundlegende Gefahren für die Sozialwissenschaften, falls die Betroffenen von dem „Veröffentlichungsrisiko" erfahren.

„Dass die Sozialwissenschaften keine Geheimdienste sind, bedeutet nicht, dass sie
von Informanten für so ›arglos‹ gehalten werden, wie sie sich selbst erscheinen,
sondern, dass sie nicht so fest im Sattel sitzen wie die NSA. Diese Wissenschaften
beruhen auf kündbaren Sozialbeziehungen. Ihr wertvollstes Gut sind nicht die
einmal erlangten Daten, sondern die höchst labile Bereitschaft von Personen,
auch zukünftig an sozialwissenschaftlichen Erhebungen teilzunehmen." (2014,
S. 310)[28]

Dabei muss es aber nicht einmal um eine grundlegende Änderung des politischen
Klimas gehen. Auch innerhalb des wissenschaftlichen Diskurses zum Thema
sexualisierte Gewalt hat es in den letzten 30 Jahren tief greifende Veränderungen
gegeben. Es war ein anerkannter Soziologe und Universitätsprofessor (Rüdiger
Lautmann), der das sexualisierte Gewalt verharmlosende Buch „Die Lust am
Kind"[29] veröffentlicht hat. Bis heute gibt es Teile der Sexualwissenschaft,
die Lautmann für einen Wegweiser und sein Buch für einen beachtenswerten
fachwissenschaftlichen Beitrag halten. Ist eine Wiederkehr verharmlosender
Positionen ausgeschlossen? Dass eine sexualisierte Gewalt bagatellisierende
Forschung nicht im Interesse von Betroffenen ist, ist nachvollziehbar. Wie
aber soll auf Dauer eine Absicherung gegen eine solche – in den Augen von
Betroffenen missbräuchliche – Nutzung der archivierten Interviews aussehen?

Sekundärverwertung wirft damit eine Frage auf, die sich auch in der Primärforschung stellt, dort aber meist nicht sichtbar wird: können Betroffene
bestimmen, wer mit ihren Interviews mit welchem Ziel forscht? In der Primärforschung nehmen sie nicht teil, wenn sie dem Forschungsziel nicht zustimmen,
was ist in der Sekundärforschung? Gleichzeitig provozieren solche Überlegungen
die Frage: Findet da durch die Hintertür der Einverständniserklärung ein Eingriff
in die Freiheit der Wissenschaft statt?

---

[28]Wie wenig auf solche Bedenken in der Diskussion eingegangen wird zeigt die
Reaktion von Gebel et al. (2015), die in einer Fußnote Hirschauer eine „grundsätzlich
ablehnende Haltung" unterstellen und ihm Unkenntnis „der einschlägigen Literatur
oder Archivierungspraxis" vorwerfen. „Diese unterstellte "Freizügigkeit" von Daten-
zentren/Archiven macht er den Befragten explizit als Datenmissbrauch vorstellig,…"
und würde so eine Ablehnung der Betroffenen provozieren. Die Frage, wie langfristig
die Betroffenenrechte abgesichert werden sollen (und das ist mehr als Datenschutz!)
beantworten sie nicht.
[29]Das Buch „Die Lust am Kind, Porträt des Pädophilen" von Rüdiger Lautmann aus dem
Jahr 1994, hat heftige Kontroversen ausgelöst. Grundlage des Buches stellten Interviews
mit sich selbst als „pädophil" begreifenden Männern dar, deren bagatellisierende und

Diese Frage muss sowohl mit ja, als auch mit Nein beantwortet werden:

- Ja, denn es gibt hier eine Interessenskollision zwischen einer sich wertneutral verstehenden Wissenschaft und Betroffeneninteressen.
- Nein, wenn Wissenschaft sich als wertgebunden begreift und Werte wie Menschenrechte, Selbstbestimmung, Gewaltfreiheit und Demokratie vertritt.

Der dahinter liegende Konflikt ist im Grunde aber ein anderer: Es geht – wie oben schon ausgeführt – um die Frage, wer über die Interviews verfügen darf, diejenigen, die ihre Lebensgeschichte erzählt haben oder diejenigen, die diese Geschichte erfragt haben. Die Frage der Verfügungsgewalt über archivierte Interviews ist für Sekundärverwertung die zentrale. Nur die Absicherung der Verfügungsgewalt durch die Betroffenen kann vor derzeit unabsehbaren Konsequenzen schützen. Ob diese Verfügungsgewalt aber real von Archiven gewährleistet werden kann ist die Frage.

4.5 Das Vertrauen in Autoritäten

Auch zu den Befürchtungen unabsehbarer Konsequenzen gibt es bei Betroffen eine Gegenposition, die sich kurz mit „Die werden schon wissen, was sie tun" zusammenfassen lässt. Dahinter kann sowohl ein großes Vertrauen in Autoritäten stecken, als auch eine gewisse Prioritätensetzung, der zufolge es andere wichtigere Dinge gibt.

Ähnlich, wie schon bei der Position „Einverständnis als Sinnsuche" ist dieser Einverständnisgrund kein prinzipielles Hindernis für eine Teilnahme, vorausgesetzt es ist eine bewusste Entscheidung. Erneut geht es also um eine möglichst genaue Auseinandersetzung, um eine intersubjektive Verständigung über Ziele, Gründe und Interessen. In einer solchen Verständigung müssen die Erwartungen und (teils unausgesprochenen Hoffnungen) mit den Möglichkeiten, aber auch die Grenzen konfrontiert werden, damit eine erste spontane Zustimmung fundiert oder widerrufen werden kann.

---

vorniedlichende Darstellung von sexualisierter Gewalt von Lautmann nicht hinterfragt, sondern übernommen wurde. Er baute darauf die These auf echte „strukturierte Pädophile" würden gegenüber Kindern keine Gewalt anwenden. Lautmann hat um weitere Kontroversen zu vermeiden von einer Neuauflage abgesehen.

4.6 Erwartungen an die Unabhängige Kommission zur Aufarbeitung sexuellen Kindesmissbrauchs

Eine Forschungsgruppe um Bianca Nagel und Barbara Kavemann hat sich mit den Erwartungen von Betroffenen an die Unabhängige Kommission zur Aufarbeitung sexuellen Kindesmissbrauchs (UKASK) beschäftigt (Nagel und Kavemann 2017a, 2017b, 2018, Helfferich et al. 2018). Die Arbeit beschäftigt sich zwar nicht mit dem Thema Sekundärverwertung, es finden sich aber etliche Aussagen, die Rückschlüsse auf eine Position zur Sekundärverwertung von Interviews zulassen. Zum einen ist das Berichten vor einer Aufarbeitungskommission oftmals mit Zielen verbunden, die über die persönlichen hinausgehen, zum zweiten hatten fast 10 % der Befragten im Rahmen eines Forschungsprojektes schon einmal ihre Geschichte erzählt (Nagel und Kavemann 2017a, S. 10).

> „Mehrere Betroffene waren in der Öffentlichkeitsarbeit aktiv, drei hatten Bücher veröffentlicht" (Nagel und Kavemann 2017a, S. 10).

Als Gründe für eine Bereitschaft seine Geschichte auch (semi-)öffentlich zu erzählen benennen Nagel und Kavemann (Nagel und Kavemann 2017b):

- Einen Beitrag zum Beenden von Tabuisierung und Schweigen leisten
- Das Identifizieren von Ursachen ermöglichen und so zu Prävention beitragen
- Das Thema sexualisierte Gewalt im öffentlichen Bewusstsein verankern
- Die Erwartung, dass sich dadurch etwas auf politischer Ebene verändert
- Veränderungen der Situationen von Betroffenen erreichen.

Hier wird die Motivation sehr deutlich nicht nur für sich selber, sondern auch für andere sich zu engagieren (vgl. Altruismus im Healing from CSA-Modell).

Gleichzeitig zeigen sich aber die Befürchtungen und Ängste. So wurden als Gründe auch an einer vertraulichen Anhörung nicht teilnehmen zu wollen angegeben: „Ich fühle mich nicht in der Lage dazu" (47,6 %), „Ich befürchte, dass es sehr belastend sein wird" (38,1 %), „Ich habe schlechte Erfahrungen mit dem Erzählen meiner Geschichte gemacht" (31 %), „Ich befürchte, dass alles nur Gerede bleibt und keine Folgen haben wird und möchte dazu nicht beitragen" (16,7 %) und „Es wird nur wieder zu einer Enttäuschung für die Betroffenen führen" (16,7 %) (Nagel und Kavemann 2017a, S. 18).

Konkret in Bezug auf Forschung äußerten einige Betroffene, dass Forschung gegen sexualisierte Gewalt für die Debatte notwendig sei, wobei allerdings konkrete Ansprüche zu stellen seien: „Hierbei ist wurde neben der Forderung der Zusicherung von Anonymität besonders die Forderung geäußert, sich nicht nur „reißerisch" auf Einzelfälle zu konzentrieren, sondern fundierte Zahlen zu präsentieren. Auch wurden nicht nur positive Effekte einer Veröffentlichung der Ergebnisse erwartet" (Nagel und Kavemann 2017b, S. 8).

Zusammenfassend haben die Autor*innen in einem Vortrag in Bristol festgehalten: „Individual coping is paramount for victims/survivors, but holding society and institutions responsible is also of great significance." (Helfferich et al. 2018).

Die in den vier Veröffentlichungen vorfindlichen Meinungen lassen die Schlussfolgerung zu, dass zumindest Teile der befragten Betroffenen einer Sekundärverwertung nicht prinzipiell ablehnend gegenüberstehen würden. Gerade die Hoffnung durch einen Beitrag zu Forschung auch einen Beitrag zur Bekämpfung sexualisierter Gewalt zu leisten ist deutlich spürbar. Welche Konsequenzen dies hat (Abgleich der Erwartungen in intersubjektiver Verständigung) wurde schon erörtert.

4.7 Auswertung der Briefe an die damalige Unabhängige Beauftragte Frau Dr. Bergmann

Für die tiefergehende Auswertung der Briefe und Mails, die an die damalige Unabhängige Beauftragte geschrieben worden sind, ist eine Machbarkeitsstudie erstellt worden (Rassenhofer et al. 2019). In diesem Zusammenhang wurden diejenigen Briefschreiber*innen – soweit Kontaktmöglichkeiten vorlagen – angeschrieben und um Erlaubnis zur Auswertung gebeten. Wie oben (siehe Einleitung) dargestellt, lässt sich diese erneute Auswertung mit tiefergehenden Fragestellungen unter Beteiligung des damaligen Forschungsteam als eine Form der Sekundäranalyse bezeichnen (Medjedović 2014). Es ist deshalb lohnend genauer zu schauen, wie denn die Angeschriebenen auf die Bitte um eine Einverständniserklärung reagierten.

„Die Mehrzahl der Autorinnen und Autoren, die sich nach dem Schreiben im Büro des UBSKM meldeten – ob mit positiver oder negativer Rückmeldung –, hatten offenbar die Debatte über sexuellen Missbrauch nicht weiterverfolgt. Fast alle kannten weder das Hilfetelefon noch die Aufarbeitungskommission. Sie wurden auf telefonische und persönliche Beratungsmöglichkeiten hingewiesen. Für viele war offenbar das Schreiben eines Briefs oder einer Email die einzige Aktivität zu diesem Thema in den letzten Jahren gewesen. Sie hatten zum Teil sehr viel Redebedarf. Wenige hatten einen Antrag beim EHS Fond (Ergänzendes Hilfesystem) gestellt." (Rassenhofer et al 2019, S. 6)

Soweit geantwortet wurde, lassen sich die Gründe für eine Ablehnung wie folgt zusammenfassen:

- Fehlendes Vertrauen in die Datensicherheit
- Der Wunsch in einer veränderten Lebenslage sich nicht erneut mit dem damals Geschriebenen zu konfrontieren.
- Die inhaltliche Distanzierung vom damals Geschriebenen aufgrund einer geänderten Position
- Die Enttäuschung über ausbleibende Veränderungen und Hilfe für Betroffene
- Die Einordnung des Geschriebenen als damals sinnvoll und erfolgreich, aber heute nicht brauchbar.

Als Gründe für eine Zustimmung lassen sich festhalten:

- Das unveränderte Interesse einen Beitrag zur Forschung zu leisten
- Die Einschätzung, dass das damals Geschriebene sinnvollerweise in eine Auswertung einbezogen werden sollte, auch wenn sich die eigene Position inzwischen geändert hat
- Offensichtlich wurde von einem ganzen Teil von Betroffenen positiv geantwortet ohne eine ausführlichere Begründung, teilweise mit sinngemäßen Anmerkungen wie: Das ist doch selbstverständlich. (Rassenhofer 2019, S. 6 ff.)

Verallgemeinert lässt sich festhalten, dass dies zwar eine besondere, nicht mit anderen Forschungsprojekten vergleichbare Situation ist, die Antworten sich aber innerhalb des Spektrums der bisher in dieser Arbeit diskutierten Positionen bewegen: es gibt Sorgen wegen der Vertrauenswürdigkeit, Datensicherheit und Kontrolle über die Unterlagen, es gibt das Interesse Belastungen zu vermeiden und es gibt Fragen nach der Sinnhaftigkeit einer Mitarbeit. Daneben steht ein unverändertes Interesse, dass sich auch gesellschaftlich gegen sexualisierte Gewalt etwas bewegt (vgl. auch Helfferich et al. 2018).

Die Tatsache, dass die eigene Position sich inzwischen geändert hat, ist grundsätzlich als ein Zeichen von Weiterentwicklung zu begrüßen. Offensichtlich führt dies bei einem Teil dazu, sich gegen eine erneute Verwertung zu entscheiden, während andere dies nicht so sehen. Hier wäre es interessant die Unterschiede genauer zu untersuchen.

Unklar ist, welche Rolle bei diesen Antworten Frau Bergmann, als öffentliche Person, zu der viele Vertrauen gefasst hatten, spielt. Forscher*innen und mehr noch Archivar*innen sind selten derart öffentlich sichtbar und haben selten die

Möglichkeit sich derart Vertrauen zu verdienen. Wenn sich also auch davon ausgehen lässt, dass sich die in der Befragung geäußerten Meinungen genauso bei einer Sekundärverwertung von Interviews in anderen Kontexten finden lassen, so muss doch fraglich erscheinen, ob eine ähnlich hohe Zustimmungsrate erzielt werden kann, oder ob es einen „Bergmann-Effekt" gibt.

4.8 Eine vorläufige, verallgemeinerte Betroffenensicht auf Sekundärverwertung

Die dargestellten Überlegungen und Meinungen machen deutlich, dass eine vorläufige, verallgemeinerte Betroffenensicht zur Sekundärverwertung von Interviews sehr verschiedene Positionen in sich vereinen muss. Dabei ist das Prinzip des „kleinsten gemeinsamen Nenners" zu berücksichtigen, da es darum geht, alle mitzunehmen und niemand zu schädigen. Es lassen sich demzufolge sechs zentrale Anforderungen formulieren:

1. **Die zu wiederholende Einverständniserklärung**
   Das Primat der Selbstbestimmung erfordert es, einen jedes Mal neu zu treffenden „informed consent" als Voraussetzung festzulegen. Nur so kann der befürchtete Deutungsverlustes von einem irreversiblen zu einem temporären umgeformt werden.
2. **Die Tiefe der Informationen der Einverständniserklärung**
   Eine „Kontrolle" der Betroffenen über eine mögliche erneute Forschung, ist u. a. deshalb notwendig, weil derzeit nur so die Parteilichkeit der Forschung abgesichert werden kann. Dies macht es notwendig, die Anforderungen an die Informationen über Forschungsfrage, Forschungsziel, etc. eher hoch anzusetzen.
3. **Die Widerrufbarkeit der Einverständniserklärung**
   Die Weiterentwicklung von Betroffenen macht es unabdingbar, dass Betroffene eine einmal getroffene Entscheidung jederzeit rückgängig machen können. Dies betrifft auch eine einmal gegebene Einwilligung, wegen späterer Auswertungen gefragt werden zu können.
4. **Die Einverständniserklärung als intersubjektive Verständigung**
   Die Tatsache, dass Betroffene die Konsequenzen teilweise nicht überschauen können und andere Erwartungen haben, welche die Forscher*innen nicht erfüllen können, erhöht die Anforderungen an den „informed consent": Vor einem Einverständnis muss ein kritischer Reflexionsprozess stehen, der durch eine intersubjektive Verständigung zwischen Forscher*innen und Betroffenen

oder durch eine Beratung durch eine entsprechend qualifizierte Fachberatungsstelle stehen. (Spezialisierte Fachberatungsstellen gegen sexualisierte Gewalt
sind keineswegs zwangsläufig dafür qualifiziert, denn die viele haben im Alltag mit ganz anderen Themen zu tun).

5. **Partizipation erfordert neue Konzepte der Archivierung**
   Der Gedanke der Partizipation widerspricht grundlegend bisher entwickelten
   Modellen von Archivierung und Sekundärverwertung. Diesen liegt eine
   mehr oder weniger deutlich ausgesprochene Vorstellung des Eigentums an
   den Interviews durch die Forscher*innen zugrunde. Auch eine erneute Einverständniserklärung ändert daran nichts. Es brauchte neue Konzepte, damit
   in partizipativen Forschungsprojekten beteiligte Betroffene früher gegebene
   Interviews zur erneuten Auswertung zur Verfügung stellen können.

6. **Keine öffentlich zugängliche Archivierung**
   Die Gefahr unabsehbarer Konsequenzen aufgrund politisch-gesellschaftlicher
   Veränderungen verbietet öffentlich zugängliche Archivierung von Interviews
   mit Betroffenen sexualisierter Gewalt. Da helfen auch nicht strenge Zugangs-
   beschränkungen nicht, denn diese können aufgehoben werden. Hier müssten
   vollkommen neue Lösungen gefunden werden.

Die ersten drei Punkte lassen sich mehr oder weniger unkompliziert umsetzen,
der vierte ist anspruchsvoller, aber auch nicht unerreichbar. Die beiden letzten
Aspekte erfordern aber neue Ansätze und Konzepte. Auch wenn aus einer verallgemeinerten Betroffenensicht eine erneute Auswertung von Interviews vorstellbar und unter bestimmten Umständen wünschenswert ist, so sind die Hürden
dafür doch offensichtlich gewaltig.

Partizipation in der Forschung gegen sexualisierte Gewalt steckt noch in den
Kinderschuhen. Da fehlt es an einer besseren Organisierung von Betroffenen
genauso wie an Veränderungen aufseiten der professionellen Wissenschaft. Auch
wenn es nicht wenige Forscher*innen gibt, die erste Schritte gemacht haben und
versuchen Betroffenenpositionen einzubeziehen, so fehlt es doch in der Gesamtheit an den notwenigen organisatorischen und strukturellen Maßnahmen. Dies
beinhaltet die oft beklagte Verteilung von Ressourcen in Forschungsprojekten,
aber auch Strukturen innerhalb von Hochschulen und Universitäten. Dass sich
z. B. Spannungen und Probleme in Forschungskooperationen ergeben, wenn sich
während eines Forschungsprozesses herausstellt, dass eine beteiligte Hochschule
kein Schutzkonzept incl. Verfahrenswegen hat und es im Umfeld zu sexualisierter
Gewalt gekommen ist, ist naheliegend. Eine Konkretisierung der Rahmenbedingungen für Partizipation (z. B. das Vorhandensein von Schutzkonzepten) in
den Förderrichtlinien würde einiges erleichtern. Es wird vermutlich noch einige

Zeit dauern, wirklich von einer gut funktionierenden Partizipation gesprochen werden kann.

Vor diesem Hintergrund erscheint eine Diskussion um die Sekundärverwertung von Interviews verfrüht. Es müssen erst mehr Erfahrungen in der Zusammenarbeit gewonnen werden, es müssen daraus strukturelle Konsequenzen gezogen werden und es muss Vertrauen wachsen. Gelebte, funktionierende Partizipation und Kooperation muss die Grundlage sein, partizipative Vorstellungen von Sekundärverwertung zu entwickeln. Bis Modelle des shared decision making entwickelt werden, muss aus Betroffensicht die aktuelle Forderung lauten: Kontrolle über die eigenen Daten für die Betroffenen. Vor dem Hintergrund bisheriger Erfahrungen in der Zusammenarbeit müsste aus Betroffensicht eine Archivierung zur Sekundärverwertung derzeit mit dem Vermerk „Wiedervorlage in 20 Jahren" abgelehnt werden.

5   Vorschlag „Kontaktbörse Forschung"

Um mit dieser Situation einschließlich der Unmöglichkeit einer Absicherung von Interviews und den daraus resultierenden Anforderungen umzugehen, bietet sich aus verallgemeinerter Betroffensicht ein anderer Weg zu einer Sekundärverwertung an, als eine öffentlich zugängliche Archivierung:

1. Mitschnitte und Transkripte von Interviews werden nach Abschluss des Forschungsprojektes den Betroffenen ausgehändigt.
2. Diese können dann selbstständig entscheiden, ob sie diese Materialien für weitere Forschungsprojekte zur Verfügung stellen wollen.
3. Zu diesem Zweck wird ein Portal, eine Art „Kontaktbörse Forschung" geschaffen, die dem Zweck hat, Kontakt zwischen Forscher*innen und potenziellen Interviewpartner*innen herzustellen.

In einer solchen Kontaktbörse können beide Seiten sich anmelden und Profile erstellen. Wie ausführlich das Profil ist, bleibt den einzelnen überlassen, es sind verschiedene Grade der Anonymisierung denkbar.

Über ein solche Portal wäre es genauso vorstellbar, dass ein*e Betroffene, sich aufgrund der Vorstellung eines Forschungsprojektes meldet und eine Partizipation anbietet oder ein Interview zur Verfügung stellt, wie auch, dass Forscher*innen sich bei Betroffenen melden und um eine Mitwirkung anfragen.

Ein solches Vorgehen würde es Betroffenen, die kein zweites Interview geben wollen, um eine erneute Belastung zu vermeiden, die Entscheidung ermöglichen, ob und wem sie das Transkript zur Verfügung stellen wollen oder nicht.

In einem solchen Portal ließen sich auch Möglichkeiten schaffen, dass Betroffene, die länger nicht aktiv sind, automatisch gelöscht werden, oder angefragt werden, ob ihr Eintrag bestehen bleiben soll, so dass niemand nach Jahren überfallartig plötzlich durch eine Anfrage mit seiner Geschichte konfrontiert wird.

Gleichzeitig wäre eine solche „Kontaktbörse Forschung" natürlich ein freiwilliges Angebot, d. h. diejenigen Forscher*innen, die befürchten, dass es einen Bias geben könnte, weil nur bestimmte Personen an der Kontaktbörse teilnehmen würden, hätten nach wie vor die Möglichkeit auf anderen Wegen Interviewpartner*innen zu suchen.

Eine solche „Kontaktbörse Forschung" müsste selber partizipativ, d. h. unter Betroffenenbeteiligung aufgebaut und betrieben werden. Sie wäre auch eine Möglichkeit Kontakte zwischen Primärforscher*innen und Betroffenen herzustellen. Und sie könnte perspektivisch natürlich auch auf andere Forschungsbereiche ausgedehnt werden.

Die Details eines solchen Portals wären zu entwickeln, zentral wäre die uneingeschränkte Verfügbarkeit über die Interviews durch die jeweiligen Betroffenen kombiniert mit einer großen Flexibilität, um sich den sich verändernden unterschiedlichen Lebenslagen anpassen zu können.

6 Fazit

Aus einer vorläufigen verallgemeinerten Betroffenensicht sind die Hürden für eine Archivierung und Sekundärverwertung von Interviews mit Betroffen über ihre persönlichen Gewalterfahrungen groß. Mit diesen umzugehen erfordert, die „Eigentumsfrage" in Bezug auf Interviews bzw. Interviewtranskripte neu zu stellen. Wenn Betroffene die Verfügungsgewalt über ihre eigene Geschichte (auch wenn diese Interviewform annimmt) haben, sind sie auch eigenverantwortlich in der Lage diese Forschung (incl. Sekundärverwertung) zur Verfügung zu stellen.

Eine „Kontaktbörse Forschung" könnte dafür ein Hilfsmittel sein, genauso entscheidend wird aber sein, wie sich Betroffene und Forscher*innen begegnen: Als Datenlieferant*innen und Deuter*innen oder als Partner*innen in einem gemeinsamen Forschungsprozess.

Literatur

Aries, B. J., & Johnson, C. V. (2013). Voices of healing and recovery from childhood sexual abuse. *Journal of Child Sexual Abuse, 22*(7), 822–841.

Bahls, Ch., Eßer. F., Hölling, I., Hüdepohl, G., Müller, S., Pluto, L., Rusack, T., Schlingmann, T., Schröer, W., Stern, A., Tuider, E., Wazlawik, M., Wolff, M. & Wright, M. (2016). Partizipative Forschung – ein Memorandum. http://www.khsbberlin.de/fileadmin/uswww.khsbberlin.de/fileadmin/user_upload/Partizipative_Forschung_zum_Thema_sexualisierter_Gewalt_-_Memorandum.pdf. Zugegriffen 14.Sept. 2016.

Bange, D., & Schlingmann, T. (2016). Sexuelle Erregung als Faktor der Verunsicherung sexuell missbrauchter Jungen. *Kindesmisshandlung & -vernachlässigung, 1,* 28–43.

BMBF – Bundesministerium für Bildung und Forschung (2016). Bekanntmachung, Richtlinien zur Förderung von Forschungsvorhaben im Rahmen der Förderlinie "Forschung zu sexualisierter Gewalt gegen Kinder und Jugendliche in pädagogischen Kontexten". Bundesanzeiger vom 28.11.2016. https://www.bmbf.de/foerderungen/bekanntmachung-1277.html. Zugegriffen 3. Juni 2019.

BMWI (2019). BMI und BMWi setzen Dialog zur praktischen Umsetzung der Datenschutz-Grundverordnung in Unternehmen fort (Gemeinsame Presseerklärung). https://www.bmwi.de/Redaktion/DE/Pressemitteilungen/2019/20190307-bmi-und-bmwi-setzen-dialog-zur-praktischen-umsetzung-der-datenschutz-grundverordnung-in-unternehmen-fort.html. Zugegriffen: 15. Juni 2020.

Brenssell, A. & Hartmann, A. (2017). Kontextualisiertes Traumverständnis in der Arbeit gegen Gewalt gegen Frauen. *Familiendynamik Systemische Praxis und Forschung,* 42(1) (S. 28–39).

Chouliara, Z., Karatzias, T., & Gullone, A. (2014). Recovering from childhood sexual abuse: a theoretical framework for practice and research. *Journal of Psychiatric and Mental Health Nursing, 21,* 69–78.

Clarke, A. (2012). *Situationsanalyse. Grounded Theory nach dem postmodern Turn.* Wiesbaden: Springer.

Connell, R. (2006). *Der gemachte Mann. Konstruktion und Krise von Männlichkeiten* (4. Aufl.). Wiesbaden: Springer VS.

Corti, L. (2000). Progress and problems of preserving and providing access to qualitative data for social research – the international picture of an emerging culture. *Forum Qualitative Sozialforschung, 1*(3), Art. 2.

Corti, L., Day, A. & Backhouse, G. (2000). Confidentiality and informed consent: issues for consideration in the preservation of and provision of access to qualitative data archives. *Forum Qualitative Sozialforschung, 1,* 3, Art. 7.

DGS-Sektionen Biographieforschung und Methoden der Qualitativen Sozialforschung (2014). *Resolution zur Archivierung und Sekundärnutzung von Daten der Sektionen für Biographieforschung und für Methoden der Qualitativen Sozialforschung der DGS.* https://www.soziologie.de/fileadmin/user_upload/Sektionen/Biographieforschung/Resolution_Datenarchivierung.pdf. Zugegriffen: 08. Juli 2019.

Draucker, C. B., Martsolf, D. S., Roller, C., Knapik, G., Ross, R., & Stidham, A. W. (2011). Healing from childhood sexual abuse: A theoretical model. *Journal of Child Sexual Abuse, 20,* 435–466.

Easton, S. D., Coohey, C., Rhodes, A. M., & Moorth, M. V. (2013). Posttraumatic growth among men with histories of child sexual abuse. *Child Maltreatment, 18*(4), 211–220.

Enders, U. (Hrsg.). (2001). *Zart war ich, bitter war's – Handbuch gegen sexuellen Missbrauch.* Köln: Kiepenheuer & Witsch.

Enders, U., & Kossatz, Y. (2012). Grenzverletzung, sexueller Übergriff oder sexueller Missbrauch? In U. Enders (Hrsg.), *Grenzen achten. Schutz vor sexuellem Missbrauch in Institutionen. Ein Handbuch für die Praxis* (S. 30–53). Köln: Kiepenheuer & Witsch.

Fegert, J.M., Rassenhofer, M., Schneider, T. Seitz, A., König, L. & Spröber, N. (2011). Endbericht der wissenschaftlichen Begleitforschung zur Anlaufstelle der Unabhängigen Beauftragten zur Aufarbeitung des sexuellen Kindesmissbrauchs Dr. Christine Bergmann, Bundesministerin a. D. Ulm: Universitätsklinikum, Kinder- & Jugend- Psychiatrie/ Psychotherapie. https://beauftragter-missbrauch.de/fileadmin/Content/pdf/Downloads/ Endbericht_Auswertung_Anlaufstelle_Missbrauchsbeauftragte.pdf. Zugegriffen: 3. Juni 2019.

Fink, A. S. (2000). The role of the researcher in the qualitative research process. A potential barrier to archiving qualitative data. *Forum Qualitative Sozialforschung, 1*(3), Art. 4.

Finkelhor, D., & Angela, B. (1985). The traumatic impact of child sexual abuse: a conceptualization. *American Journal of Orthopsychiatry, 55*(4), 530–541.

Fischer, G., & Riedesser, P. (2003). *Lehrbuch der Psychotraumatologie* (3. Aufl.). München: Ernst Reinhardt Verlag.

Frauenselbsthilfe und Beratung Wildwasser Berlin, Weglaufhaus „Villa Stöckle" & Tauwetter, Anlaufstelle für als Junge sexuell missbrauchte Männer. (2003). *„Betrifft: Professionalität"* Berlin: Selbstverlag. https://www.tauwetter.de/es/betroffene/ betroffenenkontrollierter-ansatz/broschuere.html. Zugegriffen: 3. Juni 2019.

Fuchs, M., & Berg, E. (1999). Phänomenologie der Differenz. Reflexionsstufen ethnographischer Repräsentation. In: E. Berg & M. Fuchs (Hrsg.), *Kultur, soziale Praxis, Text. Krise der ethnographischen Repräsentation.* (S. 11–108). Frankfurt: Suhrkamp

Gebel, T., Grenzer, M., Kreusch, J., Liebig, S., Schuster, H., Tscherwinka, R., Watteler, O.& Witzel, A. (2015). Verboten ist, was nicht ausdrücklich erlaubt ist: Datenschutz in qualitativen Interviews. *Forum Qualitative Sozialforschung, 16*(2), Art. 27.

Hävernick, M. & Schlingmann, T. (Hrsg.). (2006). Themenschwerpunkt betroffenenkontrollierter Ansatz. *Prävention, Zeitschrift des Bundesvereins zur Prävention von sexuellem Missbrauch an Mädchen und Jungen, 9*(3), 3–12.

Hartley, S., Johnco, C., Hofmeyr, M., & Berry, A. (2016). The nature of posttraumatic growth in adult survivors of child sexual abuse. *Journal of Child Sexual Abuse, 25*(2), 201–220.

Heaton, J. (2004). *Reworking qualitative data.* London: Sage.

Helfferich, C., Kavemann, B. & Nagel, B. (2018). What victims/survivors of childhood sexual abuse expect of the Independent Inquiry into Child Sexual Abuse in Germany and of changes in society. http://www.erwartungaufarbeitung.de/sites/default/files/ users/user16/Erwartungen%20an%20Aufarbeitung_Pr%C3%A4sentation%20 Bristol_28.06.2018.pdf. Zugegriffen: 3. Juni 2019.

Hirschauer, S. (2014). Sinn im Archiv? Zum Verhältnis von Nutzen. *Kosten und Risiken der Datenarchivierung. SOZIOLOGIE, 43*(3), 300–312.

Holzkamp, K. (1985). *Grundlegung der Psychologie.* Frankfurt: Campus.

Holzkamp, K. (1994). Zur Debatte über sexuellen Mißbrauch: Diskurse und Fakten. *Forum Kritische Psychologie, 33,* 136–157.

Holzkamp, K. (1996). Psychologie: Selbstverständigung über Handlungsbegründungen alltäglicher Lebensführung. *Forum Kritische Psychologie, 36,* 7–112.

Hopf, C. (2000). Forschungsethik und qualitative Forschung. In U. Flick, E. von Kardorff, & I. Steinke (Hrsg.), *Qualitative Forschung. Ein Handbuch* (S. 589–600). Reinbek b. Hamburg: Rowohlt.

Ittner, H. (2016). Methodik für eine Forschung zum Standpunkt des Subjekts. *Forum Qualitative Sozialforschung, 17*(2), Art. 10.

Kavemann, B., Rothkegel, S., Graf-van Kesteren, A., & Nagel, B. (2016). *Erinnern, Schweigen und Sprechen nach sexueller Gewalt in der Kindheit. Ergebnisse einer Interviewstudie mit Frauen und Männern, die als Kind sexuelle Gewalt erlebt haben.* Wiesbaden: Springer.

Keilson, H. (1979). *Sequentielle Traumatisierung bei Kindern.* Stuttgart: Enke.

Khan, M. (Hrsg.). (1963). *Selbsterfahrung in der Psychotherapie.* München: Klotz.

Kretzer, S. (2013). Arbeitspapier zur Konzeptentwicklung der Anonymisierungs-/Pseudonymisierung in Qualiservice. https://nbn-resolving.org/urn:nbn:de:0168-ssoar-47605-2. Zugegriffen: 3. Juni 2019.

Kuschel, L. (2018). Wem „gehören" Forschungsdaten? *Forschung & Lehre, 9,* 764–766.

Markard, M. (2007). Macht Erfahrung klug? Subjektwissenschaftliche Überlegungen zum Verhältnis von subjektiver Erfahrung und wissenschaftlicher Verallgemeinerung. *Journal für Psychologie, 15*(3). https://www.journal-fuer-psychologie.de/index.php/jfp/article/view/186. Zugegriffen: 3. Juni 2019.

Markard, M. (2017). Standpunkt des Subjekts und Gesellschaftskritik. Zur Perspektive subjektwissenschaftlicher Forschung. In D. Heseler, R. Robin-Iltzsche, O. Rojon, J. Rüppel, & T. D. Uhlig (Hrsg.), *Perspektiven kritischer Psychologie und qualitativer Forschung. Zur Unberechenbarkeit des Subjekts* (S. 227–244). Wiesbaden: Springer.

Medjedović, I. (2011). Secondary analysis of qualitative interview data: Objections and experiences. Results of a german feasibility study. *Forum Qualitative Sozialforschung, 12*(3), Art. 10.

Medjedović, I. (2014). *Qualitative Sekundäranalyse – zum Potential einer neuen Forschungsstrategie in der empirischen Sozialforschung.* Wiesbaden: Springer.

Mosser, P. (2009). *Wege aus dem Dunkelfeld. Aufdeckung und Hilfesuche bei sexuellem Missbrauch an Jungen.* Wiesbaden: Verlag für Sozialwissenschaften.

Mosser, P. (2011). Sexualisierte Gewalt und Armut. *Forum Gemeindepsychologie, 16*(1).

Mosser, P. & Schlingmann, T. (2013). Plastische Chirurgie an den Narben der Gewalt - Bemerkungen zur Medizinisierung des Traumabegriffs. *Forum Gemeindepsychologie, 18*(1).

Mruck, K., & Mey, G. (1998). Selbstreflexivität und Subjektivität im Auswertungsprozeß biographischer Materialien: zum Konzept einer „Projektwerkstatt qualitativen Arbeitens" zwischen Colloquium, Supervision und Interpretationsgemeinschaft. In G. Jüttemann & H. Thomae (Hrsg.), *Biographische Methoden in den Humanwissenschaften.* (S. 284–306). Weinheim: Beltz.

Müller, F., & Witek, K. (2015). Affektive Sensibilität. Über Forschungsbeziehungen und das Interpretieren als soziale Praxis. *Soziale Passagen, 7,* 67–83.

Nagel, B. & Kavemann B. (2017a). *Umfrage zu Erwartungen von Betroffenen sexuellen Missbrauchs in Kindheit und Jugend an die Unabhängige Kommission zur Aufarbeitung sexuellen Kindesmissbrauchs.* http://www.erwartungaufarbeitung.de/sites/default/files/users/user16/quant.%20Ergebnisse_Erwartungsstudie_pdf. Zugegriffen: 3. Juni 2019.

Nagel, B. & Kavemann, B. (2017b). *Offene Antworten zur Umfrage zu Erwartungen von Betroffenen sexuellen Missbrauchs in Kindheit und Jugend an die Unabhängige Kommission zur Aufarbeitung sexuellen Kindesmissbrauchs.* http://www.erwartungaufarbeitung.de/sites/default/files/users/user16/Auswertung_offene%20Fragen_Erwartungsstudie.pdf. Zugegriffen: 3. Juni 2019.

Nagel, B. & Kavemann, B. (2018). *„Umfrage zu Erwartungen von Betroffenen sexuellen Missbrauchs in Kindheit und Jugend an die Unabhängige Kommission zur Aufarbeitung sexuellen Kindesmissbrauchs"* - Ergebnisse der zweiten Fragebogenerhebung. http://www.erwartungaufarbeitung.de/sites/default/files/users/user16/Ergebnisse_zweiter%20Fragebogen_Studie_Erwartungen_an_Aufarbeitung_0.pdf. Zugegriffen: 3. Juni 2019.

Poelchau, H.-W., Briken, P., Wazlawik, M., Bauer, U., Fegert, J. M., & Kavemann, B. (2015). Bonner Ethik-Erklärung. Empfehlungen für die Forschung zu sexueller Gewalt in pädagogischen Kontexten. *Zeitschrift für Sexualforschung, 28,* 153–160.

Rassenhofer, M., Spröber, N., Schneider, T., & Fegert, J. M. (2013). Listening to victims: Use of a critical incident reporting system to enable adult victims of childhood sexual abuse toparticipate in a political reappraisal process in Germany. *Child Abuse and Neglect, 37,* 653–663.

Rassenhofer, M., Hoffmann, U. Gerke, J. Fegert, J.M., Hefferich, C., Kavemann, B. & Etzel, A. (2019). *Bericht Machbarkeitsstudie „Auswertung der Briefe an die Unabhängige Beauftragte Frau Dr. Bergmann".* Berlin & Ulm, unveröffentlichtes Manuskript.

RatSWD – Rat Sozial- und Wirtschaftsdaten (2015). *Stellungnahme des RatSWD zur Archivierung und Sekundärnutzung von Daten der qualitativenSozialforschung.* https://www.ratswd.de/dl/RatSWD_Output1_Qualidaten.pdf. Zugegriffen: 3. Juni 2019.

re.Action. (2007). *Antisexismus reloaded. Zum Umgang mit sexualisierter Gewalt. Ein Handbuch für die antisexistische Praxis.* Münster: Unrast.

Rieske, T. V., Elli Scambor, E., Wittenzellner, U., Könnecke, B., & Puchert, R. (Hrsg.). (2018). *Aufdeckungsprozesse männlicher Betroffener von sexualisierter Gewalt in Kindheit und Jugend - Verlaufsmuster und hilfreiche Bedingungen.* Wiesbaden: Springer.

Schlingmann, T. (2010). Die gesellschaftliche Bedeutung sexueller Gewalt und ihre Auswirkung für männliche Opfer. In: B. kibs (Hrsg.), *"Es kann sein, was nicht sein darf" - Jungen als Opfer sexualisierter Gewalt. Dokumentation der Fachtagung am 19./20.11. 2009 in München.* München: Selbstverlag. https://www.tauwetter.de/download/category/11-2010.html?download=25:2010-schlingmann-bedeutungsexgewalt. Zugegriffen: 3. Juni 2019.

Schlingmann, T. (2017). Der Doppelte Ausschluss. Gewalt ist ein zentrales Mittel männlicher Sozialisation - wie lässt sich sexualisierte Gewalt gegen Jungen und Männer einordnen? *ak Analyse und Kritik, Zeitung für linke Debatte und Praxis,* 625. https://www.akweb.de/ak_s/ak625/04.htm. Zugegriffen: 3. Juni 2019.

Schlingmann, T. (2020/i. E., a). Über Partizipation hinaus. Spannungsfelder und Widersprüche im System Forschung. In: A. Brenzel & A. Lutz-Kluge (Hrsg.), *Partizipative Forschung in Genderkontexten. Emanzipatorische Forschungsansätze weiterdenken.* Leverkusen-Opladen: Barbara Budrich.

Schlingmann, T. (2020/i. E., b). Sexualisierte Gewalt gegen Jungen. In: B. Blättner & P. J. Brzank (Hrsg.): *Interpersonelle Gewalt: eine Herausforderung für Public Health.* Weinheim: Beltz Juventa.

Smioski, A. (2013). Archivierungsstrategien für qualitative Daten. *Forum Qualitative Sozialforschung, 14*(3), Art. 5.

von Unger, H. (2014). *Partizipative Forschung. Einführung in die Forschungspraxis.* Wiesbaden: Springer.

Vorstand und Konzil der DGS. (2019). *Bereitstellung und Nachnutzung von Forschungsdaten in der Soziologie, Stellungnahme des Vorstands und Konzils der DGS.* https://www.soziologie.de/nc/aktuell/stellungnahmen/single-view/archive/2019/01/09/article/bereitstellung-und-nachnutzung-von-forschungsdaten-in-der-soziologie/. Zugegriffen: 3. Juni 2019.

Wright, M. T., von Unger, H., & Block, M. (2010). Partizipation der Zielgruppe in der Gesundheitsförderung und Prävention. In M. T. Wright (Hrsg.), *Partizipative Qualitätsentwicklung in der Gesundheitsförderung und Prävention* (S. 35–52). Bern: Huber.

Thomas Schlingmann ist Mitbegründer der Fachberatungsstelle Tauwetter e. V. in Berlin. Er ist tätig in den Bereichen: Begleitung von Selbsthilfegruppen, Beratung, Fortbildung und Fachvorträge. Sein inhaltlicher Schwerpunkt liegt auf Männlichkeit und sexualisierter Gewalt.

The manufacturer's authorised representative in the EU is Springer
Nature Customer Service Centre GmbH, Europaplatz 3, 69115 Heidelberg,
Germany. If you have any concerns regarding our products, please
contact ProductSafety@springernature.com

Printed and bound by CPI Group (UK) Ltd, Croydon, CR0 4YY

28/04/2026

02098538-0006